OSHO

El camino perfecto

Traducción del inglés de Esperanza Moriones

Título original: THE PERFECT WAY, de Osho

© 1978, 2017 OSHO International Foundation
www.osho.com/copyrights

Todos los derechos reservados. No se puede reproducir ningún fragmento
de este libro de ninguna forma sin el permiso de la OSHO International
Foundation.

Libro originalmente publicado en hindi como *Sadhana Path*. El material
de este libro procede de una serie de charlas de Osho. El texto completo
puede encontrarse vía online en la OSHO Library, www.osho.com

OSHO® es una marca registrada de la Osho International Foundation,
www.osho.com/trademarks

© 2020 by Editorial Kairós, S.A.
Numancia 117-121, 08029 Barcelona, España
www.editorialkairos.com

© de la traducción del inglés al castellano: Esperanza Moriones
Revisión de Alicia Conde

Fotocomposición: Moelmo, S.C.P. 08009 Barcelona
Diseño cubierta: Katrien Van Steen
Impresión y encuadernación: Romanyà-Valls. 08786 Capellades

Primera edición: Junio 2020
ISBN: 978-84-9988-765-4
Depósito legal: B 10.696-2020

«No sigas retrasándolo,
solo tenemos cuatro días.
Dos de ellos los pasamos deseando,
y los otros dos, esperando.»

Sumario

1. Prólogo: Invitación hacia la luz

El ser humano está inmerso en una profunda oscuridad. Es como si su casa se hubiera quedado a oscuras en una noche tenebrosa. Es como si se hubiese apagado algo en su interior, pero, aun así, lo podemos volver a encender.

También veo que el ser humano ha perdido el sentido de la orientación. Es como un barco navegando sin rumbo en alta mar. Ya no recuerda dónde iba ni lo que tenía que ser, sin embargo, puede recuperar la memoria de lo que ha olvidado.

A pesar de vivir en la oscuridad, no tiene motivos para estar desesperado. De hecho, cuanto más intensa sea esa oscuridad, antes llegará el amanecer. Presiento que pronto se producirá una regeneración espiritual en todo el mundo. Llegará un nuevo hombre, y ahora mismo estamos pasando por el dolor del parto. Esta regeneración, por otro lado, necesita nuestra colaboración. Es algo que va a ocurrir a través de nosotros, por eso no podemos permanecer como meros espectadores. Debemos dar paso a este renacimiento en nuestro interior.

La llegada del nuevo día, del nuevo amanecer, solo es posible cuando cada uno de nosotros se llene de luz. Que esto, que es una posibilidad, se convierta en realidad solo depende de nosotros. Somos los ladrillos del palacio del mañana, y somos los rayos de luz que darán origen a un nuevo sol. Somos creadores, no meros espectadores. No se trata únicamente de crear un futuro, sino de crear el presente, de crearnos a nosotros mismos. El individuo es la unidad básica del todo, y tanto la evolución como la revolución tienen lugar a través de él. Tú eres esa unidad.

Este es mi llamamiento. Quiero que despertéis de vuestro letargo. ¿No os dais cuenta de que vuestras vidas han dejado de tener sentido y son inútiles y absolutamente aburridas? Es natural que la vida haya dejado de tener sentido y un propósito. La vida del ser humano no tiene sentido si no hay una luz en su corazón. La vida del ser humano no puede ser dichosa si no hay una luz en su interior.

El hecho de que nos abrume actualmente el sinsentido de la vida no es porque esta no tenga sentido. La vida tiene muchísimo sentido, pero nos hemos olvidado del camino que nos conduce hacia él y hacia su realización. Y, aunque existimos, no estamos en contacto con la vida. Eso no es vivir, sino estar esperando la muerte. ¿Cómo no va a ser aburrido esperar a la muerte? ¿Cómo puede haber gozo en esto?

Yo he venido a decirte lo siguiente: hay una manera de despertar de esta pesadilla que has confundido con la vida. El camino siempre ha estado ahí. El camino que lleva de la oscuridad a la luz es eterno. Evidentemente, está ahí, pero te has alejado de él. Yo quiero que te vuelvas a acercar. Ese camino es el *dharma*, la religión. Es la forma de volver a encender la llama del ser humano y darle dirección al barco que navega sin rumbo. Mahavira decía que la religión era la única balsa de salvación, un ancla, un destino y un refugio para quienes habían sido arrastrados por la rápida corriente de la vida que va asociada a la vejez y la muerte.

¿Deseas fervientemente que la luz llene tu vida de gozo? ¿Quieres conocer la verdad que une al ser humano con la inmortalidad? Si eso es así, te invito a encontrar esa luz, ese gozo y esa inmortalidad. Te ruego que aceptes mi invitación. Simplemente es cuestión de abrir los ojos y te encontrarás en un nuevo mundo lleno de luz. No tienes que hacer nada más, solo tienes que abrir los ojos. Solo tienes que despertarte y mirar.

Realmente, en el ser humano no hay nada que se pueda apagar ni puede perder el rumbo, pero si cierra los ojos, todo se queda a oscuras, y eso le hace perder el sentido de la orientación. Cuando cierra los ojos, es un mendigo y, cuando abre los ojos, es un emperador. Esto es un llamamiento para salir de tu sueño de ser un mendigo y despertar al hecho de que, en realidad, eres un emperador.

Te estoy llamando para que despiertes de ese sueño donde eres un mendigo y te des cuenta de que realmente eres un emperador. Quiero que tu derrota se convierta en una victoria, quiero transformar tu oscuridad en luz, quiero transformar tu muerte en inmortalidad. ¿Estás preparado para embarcarte en ese viaje conmigo?

2. Escuchar con el corazón

Alma consciente:

Antes que nada, por favor, acepta mi amor. Es lo único que te puedo ofrecer en la soledad y recogimiento de estos montes. En realidad no te puedo ofrecer nada más. Quiero compartir contigo el infinito amor que ha provocado en mi interior el acercamiento a la existencia. Quiero compartirlo. ¡Y lo más asombroso es que, cuanto más lo comparto, más crece! Quizá la verdadera riqueza sea lo que aumenta cuando se distribuye. La riqueza que disminuye cuando la compartes no es verdadera. ¿Aceptarás entonces mi amor?

Veo aceptación en tu mirada y también veo que tus ojos se han llenado de amor en respuesta. El amor atrae al amor, y el odio atrae al odio. Todo lo que damos, lo recibimos de vuelta. Es una ley eterna. Por eso siempre debes dar al mundo lo que quieras recibir. Si das espinas, no puedes recibir flores.

Veo flores de amor y paz brotando en vuestros ojos. Esto me alegra profundamente. Ahora ya no somos tantos, porque el amor une a las personas y nos convierte a todos en uno. Aunque los cuerpos físicos estén separados y lo sigan estando, cuando hay amor, hay algo más allá del cuerpo que se encuentra y se convierte en una unidad. Solo cuando hay esta unión, esta unidad, se puede transmitir algo que se entienda. Solo es posible comunicarse cuando hay amor.

Me he reunido con vosotros en este lugar solitario para deciros algo y que me podáis entender. Solo podemos hablar o escuchar cuando hay un trasfondo de amor. Las puertas del corazón solo se abren al amor. No te olvides de que solo escuchas cuando lo haces con el corazón y no con la cabeza. Quizá te preguntes: «Pero ¿el corazón también oye?». Yo diría que siempre que escuchas lo haces a través del corazón. Hasta el momento, la cabeza nunca ha escuchado nada. La cabeza está sorda como una tapia. Y lo mismo ocurre cuando hablas. Las palabras solo tienen sentido si salen del corazón. Si salen del corazón, huelen a flores frescas; de lo contrario, solo están secas y descoloridas, son flores artificiales hechas de plástico.

Voy a abriros mi corazón y, si vuestro corazón me deja entrar, nos encontraremos y habrá comunicación. En ese momento de encuentro se puede transmitir lo que las palabras no pueden expresar. Muchas de las cosas que no se pueden expresar mediante palabras se pueden transmitir de esta manera, es una forma de comunicar también lo que está entre líneas. Las palabras son indicaciones que no tienen mucho poder, pero adquieren poder si las escuchas en un estado de paz mental y de silencio. Esto es lo que yo llamo escuchar con el corazón.

Por otra parte, aunque estemos escuchando a alguien con el corazón, seguimos atrapados en nuestros pensamientos. Eso es una «falsa escucha». No estás siendo un *shravak*, alguien que escucha. Tienes la ilusión de que estás escuchando, pero en el fondo no lo estás haciendo.

Para «escuchar correctamente», la mente tiene que estar en un estado de silencio y observación absolutos, solo así podrás escuchar y entender, y ese entendimiento se convierte en una luz que provoca una transformación interior. Si no lo haces así, solo te estarás escuchando a ti mismo y te seguirá rodeando el bullicio incontenible que hay en tu interior. En ese estado es imposible transmitirte nada. Aunque parezca que veas, no ves nada, y aunque parezca que oigas, no oyes nada.

Jesús decía: «El que tenga ojos para ver, que vea, y el que tenga oídos para oír, que oiga». ¿Acaso no tenían ojos ni oídos las personas a las que se dirigía? Claro que sí, pero para ver y para oír no basta con la simple presencia de los ojos y los oídos. Hace falta algo más, y sin ello es indiferente tener ojos y oídos o no tenerlos. Lo que hace falta es silencio interior y una conciencia despierta. Las puertas de la mente solo se pueden abrir, solo pueden decir algo y escuchar cuando tenemos esta predisposición.

Espero que durante el tiempo que dure nuestro retiro de meditación encuentres este tipo de escucha. Cuando aprendas a hacerlo, te acompañará el resto de tu vida. Puedes liberarte de muchas preocupaciones triviales simplemente haciendo esto. Puedes despertar al maravilloso y misterioso universo que hay fuera, y experimentar la eternidad y la infinita luz de la conciencia que se esconde detrás del bullicio de la mente.

Ver correctamente y oír correctamente no son solo necesarios en este retiro de meditación, sino que son la base de una vida correcta. Del mismo modo que todo se refleja con claridad cuando el lago está totalmente en calma y no hay ondas, la verdad y la divinidad también se reflejan en ti cuando estás tan tranquilo y quieto como un lago.

Veo que dentro de ti se está formando un silencio. Tu mirada –ese anhelo que está surgiendo en tu interior– me invita a decir lo que quiero decir, me invita a revelarte las verdades que he visto y que me han llegado al alma, y tu corazón está ansioso e impaciente por entenderlas. Viéndote tan anhelante y dispuesto, mi corazón también se abre a ti. Sin duda, en un entorno tan tranquilo y con un estado de paz mental como el que hay aquí te podré decir lo que quiero transmitirte. Si estuviera ante unos corazones sordos, me abstendría. ¿No se queda fuera la luz cuando las puertas de tu casa están cerradas? Del mismo modo, a veces me quedo esperando en la puerta de muchas casas. Pero el hecho de que tus puertas estén abiertas es una buena señal. Es un buen comienzo.

A partir de mañana por la mañana comenzará una estancia de cinco días para llevar a cabo este experimento de meditación. Dentro de ese contexto me gustaría decirte ahora algunas cosas. Para poder meditar, para descubrir la verdad, primero tienes que preparar el terreno de tu mente como prepararías la tierra si fueras a cultivar flores. Por ello me gustaría explicarte unos *sutras*, unos puntos clave.

El primer *sutra* es vivir en el presente. Durante los días del retiro no te dejes llevar por la corriente mecánica de tu pensamiento del pasado y el futuro. El momento vivo, el único momento que realmente existe, se pierde y se nos pasa por culpa de esto. El pasado y el futuro no existen. El pasado solo está en la memoria, y el futuro solo está en la imaginación. El presente es el único momento verdadero y vivo. Si queremos conocer la verdad, eso solo puede ocurrir estando en el presente.

Durante estos días de meditación, libérate conscientemente del pasado y del futuro. Acepta que no existen. Lo único que existe es el momento actual, el momento en el que estás ahora. Tienes que vivir en este momento y hacerlo con totalidad.

Esta noche intenta dormir profundamente como si te hubieses liberado de todo tu pasado. Muere al pasado. Y por la mañana despiértate a un nuevo día como una persona nueva. No dejes que se levante la misma persona que se acostó ayer. Déjala que siga durmiendo para siempre. Y que en su lugar se despierte una persona siempre nueva y siempre fresca.

Acuérdate de vivir en el presente constantemente a lo largo del día, y estate atento para que no se desencadene el pensamiento mecánico del pasado y el futuro. Para eso solo basta con estar atento. Si lo estás, ese pensamiento mecánico no se desencadenará. La conciencia destruye ese hábito.

El segundo *sutra* es vivir naturalmente. El comportamiento humano es completamente artificial y formal. Siempre estamos envueltos por una falsa capa que, en última instancia, hace que olvidemos nuestra verdadera identidad. Tienes que desprenderte de esa falsa piel y deshacerte de ella. No nos hemos reunido aquí para montar una obra de teatro, sino para conocernos a nosotros mismos y realizarnos. Del mismo modo que los actores se quitan todo el vestuario y el maquillaje después de representar la función y lo apartan a un lado, en estos cinco días tendrás que quitarte tu falsa máscara, tirarla y permitir que salga tu parte original y natural, y vivir de esa manera. La meditación solo se da cuando la vida es sencilla y natural.

Durante estos días de meditación no tendrás una posición social, no serás nadie especial, no tendrás un estatus. Quítate todas esas máscaras. Simplemente serás tú, un ser humano corriente sin nombre, ni estatus, ni clase, ni familia, ni casta..., simplemente una persona anónima, un individuo cualquiera. Tienes que vivir así. Y recuerda que esa es nuestra auténtica realidad.

El tercer *sutra* es estar solo. La vida meditativa surge en la soledad más absoluta, estando completamente solo. Sin embargo, por lo general el ser humano no está solo. Siempre está rodeado de personas. Y cuando no está con la multitud exterior, está con la multitud interior. Tenemos que dispersar a esa multitud.

No dejes que se amontonen en tu interior. Cuando estés en el exterior, vive también como si estuvieras solo en este retiro. Nos hemos olvidado de nosotros mismos en medio de tantas relaciones. Todas esas relaciones –ser el enemigo o el amigo de alguien, el padre o el hijo, la mujer o el marido– se han ido apoderando de ti hasta tal punto de que ahora eres incapaz de reconocer tu propia identidad. ¿Alguna vez has intentado imaginarte quién serías fuera del entorno de tus relaciones? ¿Alguna vez te has deshecho de las vestiduras de todas esas relaciones y te has visto desprovisto de ellas? Tienes que diferenciarte de todas esas relaciones y darte cuenta de que no eres el hijo de tu padre ni de tu madre, ni el marido de tu mujer, ni el padre de tus hijos, ni el amigo de tus amigos, ni el enemigo de tus enemigos; si lo haces, verás que lo que queda es tu verdadero ser. Esa entidad que queda es lo que eres. Durante estos días tendrás que vivir tú solo dentro de ese ser.

Si cumples estos *sutras*, tu mente llegará a un estado que es absolutamente imprescindible para alcanzar la paz y la verdad. Además de estos tres *sutras*, me gustaría explicarte los dos tipos de meditación que vamos a empezar a practicar a partir de mañana.

La primera meditación es para practicarla por las mañanas. Durante esta meditación tienes que mantener la espalda recta, cerrar los ojos y enderezar el cuello. Los labios deben estar cerrados y la lengua tocando el paladar. Respira lenta y profundamente. Enfoca tu atención hacia el ombligo. Sé consciente del temblor que sientes ahí debido a tu respiración. Esto es lo único que tienes que hacer. Este experimento calma la mente y la vacía completamente de pensamientos. Partiendo de ese vacío podrás adentrarte en tu interior.

La segunda meditación es para las noches. Túmbate cómodamente en el suelo y deja que tus extremidades se relajen del todo. Cierra los ojos y durante unos dos minutos dile a tu cuerpo que se vaya relajando. Y el cuerpo se relajará poco a poco.

Despúes dile a tu respiración que se vaya calmando durante dos minutos, y tu respiración se calmará. Finalmente, dile a tus pensamientos que se detengan durante otros dos minutos. Esta sugestión intencionada te producirá una relajación, una tranquilidad y un vacío absolutos. Cuando la mente se haya tranquilizado del todo, sé completamente consciente de tu ser interior y conviértete en un testigo de esa paz. El ser testigo de todo esto te conducirá hasta tu ser.

Debes hacer estas dos meditaciones. De hecho, realmente es una estrategia artificial y no tienes que agarrarte a ella. Con su ayuda podrás disolver la inquietud de la mente. Y del mismo modo que después de subir a un sitio ya no necesitamos la escalera, algún día también podrás renunciar a estos métodos.

La meditación alcanza la perfección el día que ya no la necesitamos.

Ese estado se llama *samadhi*, iluminación.

Ahora ya ha ido cayendo la noche y el cielo se ha llenado de estrellas. Los árboles y los valles se han ido a dormir. Y nosotros también lo haremos. ¡Qué tranquilo y silencioso está todo! Nos fundiremos con este silencio. Cuando estamos profundamente dormidos, cuando dormimos sin soñar, vamos al sitio donde habita la divinidad. La naturaleza nos ha concedido este *samadhi* espontáneo y no consciente. También podemos llegar a ese sitio a través de la meditación, pero en ese caso lo hacemos de una forma consciente y atenta. Esa es la única diferencia. Y, de hecho, es una diferencia enorme. En el primer caso nos vamos a dormir, y en el segundo nos despertamos.

Ahora nos dormiremos con la esperanza de que también sea posible despertar. La esperanza, si va acompañada de determinación y propósito, se cumple, sin lugar a dudas. Que la existencia nos guíe a lo largo de este camino. Esa es mi única oración.

3. Control de natalidad de los pensamientos

Alma consciente:

Estoy encantado de verte. Te has reunido conmigo en este sitio tan alejado para alcanzar la divinidad, para encontrar la verdad, para conocerte a ti mismo, para conocer tu ser. Pero ¿puedo hacerte una pregunta? ¿Lo que estás buscando está separado de ti? Puedes buscar a alguien que esté separado de ti, ¿cómo vas a buscar lo que ya eres? No puedes buscar a tu propio ser de la misma forma que buscarías otras cosas, porque en este caso no hay ninguna diferencia entre el que está buscando y la persona a la que busca. En el mundo puedes buscar algo, pero no puedes buscarte a ti. Aquel que sale fuera para buscarse se alejará cada vez más de sí mismo. Es importante que lo entiendas de verdad, porque la búsqueda solo es posible así.

Para encontrar las cosas materiales del mundo, tienes que salir al exterior. Pero si quieres encontrar tu ser, tendrás que olvidarte de la búsqueda y estar sosegado, tranquilo y relajado. Solo encontrarás lo que eres cuando estés calmado y vacío. Ten en cuenta que una búsqueda también es una inquietud, una presión, un anhelo, un deseo. Pero no se puede encontrar el ser —el alma– a través del deseo. Eso es lo que lo vuelve más complicado. El deseo significa que alguien se quiere convertir en algo o alcanzar algo, mientras que el alma ya está ahí. El alma es lo que yo mismo soy. El deseo y el alma van en direcciones opuestas. Son dimensiones opuestas.

Por eso es importante entender que el alma se puede alcanzar, pero no se puede convertir en un objeto de deseo. Como tal, el deseo de alcanzar el alma no puede existir. El deseo es terrenal, no es espiritual. El deseo y los anhelos son los que conforman el mundo. No importa que desees dinero, meditación, una posición en el mundo, la divinidad, placeres mundanos o la liberación. Los deseos son deseos, y cualquier deseo es una atadura.

No te estoy pidiendo que desees el alma, solo te pido que entiendas la naturaleza del deseo. Lo que te libera del sufrimiento es comprenderlo, porque cuando lo entiendes, ya no lo deseas. Y cuando no hay ningún deseo, cuando la mente no está perturbada por ningún anhelo y no estás buscando nada, entonces, en ese preciso momento, en ese momento de calma y tranquilidad, experimentas tu verdadero ser. El alma se manifiesta cuando desaparece el deseo.

Por eso, amigos míos, os quiero pedir que no deseéis el alma, sino que entendáis en qué consiste el deseo y os liberéis de él. Así podréis saber lo que es el alma y alcanzarla.

¿Qué es la religión? La religión, el *dharma*, no tiene nada que ver con pensar ni con los pensamientos. Tiene que ver con no pensar. Pensar es filosofar. Te aporta conclusiones, pero no te aporta soluciones. La solución es el *dharma*. La puerta de acceso al pensamiento es la lógica, mientras que la iluminación es la puerta de acceso a la solución.

La iluminación es una conciencia sin contenido. La mente está vacía, pero atenta, alerta. En ese estado de paz se abre la puerta de la verdad. La verdad solo se puede conocer en ese vacío, y como consecuencia de esto, toda tu vida se transforma.

Ese estado de vacío, de iluminación, se consigue mediante la meditación. Pero lo que normalmente entendemos por meditación, tampoco es meditación, sino un proceso de pensamiento. Es posible que esos pensamientos se refieran al alma o a la divinidad, pero siguen siendo pensamientos. No importa de qué sean esos pensamientos. De hecho, el pensamiento por su propia naturaleza pertenece al otro, al exterior. Se refiere a lo que no es el ser. No puede haber un pensamiento del ser, porque para que exista tiene que haber dos. Por eso el pensamiento no puede ir más allá de la dualidad. Para alcanzar y conocer la no dualidad –el ser–, el camino no es el pensamiento, sino la meditación.

El pensamiento y la meditación van en direcciones opuestas. Uno va hacia fuera y el otro va hacia dentro. El pensamiento nos sirve para conocer al otro y la meditación nos sirve para conocer al ser. Pero el pensamiento y la contemplación generalmente se confunden con la meditación. Es un error muy serio y está muy generalizado, por eso quiero preveniros frente a este error fundamental.

La meditación significa no hacer. La meditación no es hacer, sino ser. Es estar con tu propio ser.

Mediante la acción entramos en contacto con el mundo exterior y mediante la no acción entramos en contacto con nosotros mismos. Cuando no estamos haciendo nada, nos damos cuenta de lo que somos. Sin embargo, cuando estamos continuamente envueltos en todo tipo de cosas, nunca llegamos a encontrarnos. Ni siquiera nos acordamos de que existimos. Tenemos un grado de actividad muy elevado. Es posible que nuestro cuerpo se ponga a descansar, pero la mente nunca descansa. Cuando estamos despiertos, pensamos, y cuando estamos dormidos, también pensamos. Absortos por tantas preocupaciones y quehaceres constantes, nos olvidamos de nosotros mismos. Nos perdemos entre la multitud de todas nuestras acciones. Es muy extraño, pero esa es nuestra realidad. Nos hemos perdido, pero no entre la muchedumbre de los demás, sino en la de nuestros propios pensamientos, la de nuestros propios sueños, la de nuestras propias preocupaciones y actividades. Nos hemos perdido dentro de nosotros mismos. La meditación es la forma de separarnos de esa muchedumbre y ese periplo mental que nosotros mismos hemos creado.

La meditación, por naturaleza, no puede ser una actividad. No significa estar activos, sino que es una forma de definir una mente que no está ocupada. Eso es lo que yo os enseño. Decir que enseño a no hacer nada podría parecer extraño, pero es justo lo que hago. Nos hemos reunido aquí para practicar el no hacer nada. El lenguaje del hombre es limitado y escaso y está diseñado para designar la acción, por eso no podemos expresar el alma. Algo que ha sido creado para hablar ¿cómo puede expresar el silencio? La palabra *meditación* sugiere que se trata de algún tipo de acción, pero se trata de no hacer nada. Decir «he estado meditando» es un error, lo correcto sería decir «estaba en un estado meditativo». Es como el amor. Uno puede «estar» enamorado, pero no es algo que puedas «hacer». Por eso digo que la meditación es un estado mental. Es primordial que esto quede claro desde el principio.

Estamos aquí reunidos para no hacer nada y experimentar un estado en el que simplemente somos, en el que no tiene lugar ninguna acción, en el que no existe la impureza de la acción. Es un estado donde solo queda la llama pura del ser, donde solo queda el ser, donde ni siquiera queda el pensamiento «yo soy», y solo queda «el hecho de ser». Esto es *shunya*, el vacío. Desde este punto, lo que vemos no es el mundo, sino la verdad. En esta nada, en este vacío, cae el muro que te impide conocerte, se levanta el telón y alcanzas la sabiduría. En esta nada no hay pensamiento, solo hay conocimiento. Entonces vemos, hay visión.

No obstante, las palabras *visión* y *ver* tampoco son muy adecuadas porque no hay ninguna diferencia entre el que sabe y lo sabido, entre el sujeto y el objeto. Aquí no existe lo conocido y el que conoce, sino solamente el conocer. En este contexto no existe ninguna palabra adecuada, solamente la ausencia de palabras. Si alguien me pregunta sobre este estado, me quedo en silencio, o también podría decir que transmito mi mensaje mediante el silencio.

La meditación es no hacer nada. Hacer significa que podemos hacer algo si queremos, o no hacerlo si no queremos. Pero nuestra naturaleza intrínseca no es algo que hagamos. No es hacer ni no hacer. Por ejemplo, conocer y ver forman parte de nuestra naturaleza intrínseca, forman parte de nuestro ser. Siguen ocurriendo, aunque no hagamos nada. Nuestra naturaleza intrínseca siempre está presente. No es algo que hayamos creado nosotros, es lo que nos conforma. Es lo que somos. No lo creamos nosotros, es lo que nos sustenta. Por eso lo llamamos *dharma*, lo que sustenta. *Dharma* significa naturaleza intrínseca, *dharma* significa simplemente *ser*, existir.

Nuestra naturaleza constante se tapa con una cadena fragmentaria de acciones. Del mismo modo que las olas tapan el mar o las nubes tapan el sol, a nosotros nos tapan nuestras propias acciones. La capa de actividades de la superficie esconde lo que hay en el fondo. Las insignificantes olas ocultan las insondables profundidades del océano. ¡Es extraño que lo más trivial oculte lo más grandioso, que una mota de polvo no te deje ver las montañas! Pero el océano no deja de existir porque haya olas. Es lo que le da vida a las olas, y también está presente en ellas. Los que lo saben podrán reconocer el océano incluso en las olas, pero los que no lo saben tendrán que esperar a que se retiren las olas. Solo verán el océano cuando hayan desaparecido las olas.

Tenemos que introducirnos en esta naturaleza intrínseca. Tenemos que olvidarnos de las olas y zambullirnos en el mar.

Tenemos que conocer nuestra propia profundidad en la que *somos*, en la que no hay olas en el mar, en la que está el ser, y no es un proceso de llegar a ser algo.

Aunque no nos demos cuenta, este mundo sin olas y sin movimiento siempre está presente en nuestro interior. Le hemos dado la espalda, estamos mirando hacia fuera, mirando las cosas, viendo el mundo. Pero nunca te olvides de una cosa: *nosotros* estamos mirando y lo que vemos es el mundo; sin embargo, el que lo está viendo no es el mundo, sino el yo.

Identificar la vista con el objeto que estamos viendo es pensar. Cuando la vista está libre del objeto que se ve y se vuelve hacia el que ve, es meditación. ¿Entiendes la diferencia entre pensar y meditar? La vista está presente tanto en el pensamiento como en la meditación, pero en el primer caso es objetiva, y en el segundo caso es subjetiva. La vista es un elemento constante, ya estemos pensando o meditando, en la acción y en la no acción. Cuando estamos despiertos, vemos el mundo; cuando estamos dormidos, vemos los sueños, y cuando meditamos, nos vemos a nosotros mismos, pero en cualquiera de los casos vemos. La vista es constante y continua. Es nuestra propia naturaleza. Nunca está ausente, independientemente de la situación.

La vista está presente incluso cuando estamos inconscientes. Cuando recobramos la consciencia, decimos: «No recuerdo nada, no sé dónde estaba». No creas que esto no es saber. Eso también es saber. Si la vista hubiese estado ausente, este «No sé dónde estaba» tampoco habría sido posible. Si fuera ese el caso, no existiría para ti el tiempo que ha transcurrido mientras estabas inconsciente. No podría formar parte de tu vida y no podría dejar huella en tu memoria. Sin embargo, sabes que estabas en un estado en el que no eras consciente de que sabías algo. Eso también es saber, ahí también está presente la vista. La memoria no ha registrado ningún fenómeno interno ni externo que se haya producido durante este periodo, pero tu vista indudablemente ha notado y ha experimentado este paréntesis, este intervalo. Y la experiencia de este intervalo, del paréntesis donde no se ha registrado nada, más tarde también aparecerá en la memoria. De una forma parecida, en el sueño profundo, cuando ni siquiera estamos soñando, la vista siempre está presente. Al despertarnos por la mañana podemos decir que hemos dormido tan profundamente que ni siquiera hemos soñado. Eso significa que hemos podido observar esta circunstancia.

De esto se puede deducir que, aunque cambien las situaciones, el objeto o el contenido de la conciencia, la vista no cambia. Todo lo que está en el plano de nuestra experiencia cambia, todas las cosas están fluyendo, pero la vista es lo único que siempre está presente. Es el testigo de todo este cambio, de todo este flujo. Darse cuenta de esta vista omnipresente y eterna es conocerse a uno mismo. Esto, en sí, es nuestra naturaleza intrínseca. Todo lo demás es ajeno, es el otro. Todo lo demás es *samsara*, el mundo.

El testigo no se puede encontrar ni alcanzar haciendo algo, mediante la alabanza y la adoración, o mediante un mantra o una técnica, porque también es testigo de todas esas cosas. Está separado y aparte de todas esas cosas. Está separado y es diferente de todo lo que podamos ver o hacer. No lo puedes alcanzar haciendo algo, sino sin hacer nada. No se alcanza mediante la acción, sino con el vacío. Solo lo encontrarás cuando no haya ninguna actividad, cuando no haya un objeto que ver, cuando solo quede el testigo, cuando solo quede la vista.

Cuando está la vista pero no hay nada que ver, cuando está el saber pero no hay nada que saber, entonces, en esa conciencia vacía, conoces al que todo lo conoce. Cuando no hay ningún objeto que ver, desaparece la cortina que hay delante del que ve, y cuando no hay ningún objeto que conocer, aparece el saber. Cuando no hay olas, puedes ver el océano; cuando no hay nubes, puedes ver el cielo azul.

Este océano y este cielo, este espacio vacío, está dentro de todo el mundo, y si queremos podemos conocer este cielo y este espacio. Hay un camino que nos lleva hasta allí y también está en nuestro interior. Cada uno de nosotros ha recorrido ese camino, sin embargo, solo lo hemos recorrido en un sentido. ¿Alguna vez te has parado a pensar que ningún camino tiene un solo sentido? Cualquier camino tiene dos sentidos, dos direcciones opuestas. De lo contrario, no sería un camino, no existiría. El camino que te ha traído aquí, a estas montañas remotas, es el mismo que te llevará de vuelta. Hay un solo camino para ir y volver. Ese mismo camino sirve para las dos cosas. Aunque el camino sea el mismo, el sentido no.

El camino al *samsara*, al mundo, y el camino al ser, son un solo camino y el mismo. El mismo camino te lleva al *samsara* y al ser, lo único que cambia es el sentido. Lo que hasta ahora estaba de frente quedará detrás y tendrás que dirigir tu atención hacia lo que estaba a tus espaldas. Es el mismo camino, pero te tienes que girar, tienes que dar media vuelta, tienes que dar la espalda a lo que estaba de frente y mirar lo que estaba a tus espaldas.

Pregúntate hacia dónde miras, qué es lo que estás viendo ahora. ¿En qué sentido va la corriente de tu vista, en qué sentido fluye tu conciencia? Experiméntalo. Obsérvalo. Te darás cuenta de que fluye hacia fuera. Todos tus pensamientos se refieren a lo que está fuera. Siempre estás pensando en lo que está fuera, en el mundo exterior. Cuando abres los ojos, ves lo que está fuera. Cuando los cierras, sigues viendo lo que está fuera, porque vuelves a estar rodeado por las impresiones de las formas y las imágenes externas. En el exterior hay un mundo de objetos y en tu interior hay otro mundo: un mundo de pensamientos que es el eco de todas las cosas que hay fuera. Aunque lo veas en tu interior, el mundo de los pensamientos sigue estando fuera porque el «yo» como testigo está separado de ese mundo. Tu «yo» también lo ve, de modo que ese mundo de pensamientos también está fuera.

Estamos rodeados de cosas y de pensamientos. Pero si lo analizas bien, te darás cuenta de que lo que se interpone en nuestro camino hacia la realización y nos mantiene acorralados no son las cosas, sino los pensamientos. En primer lugar, las cosas no pueden acorralar al alma, porque la materia solo puede acorralar a la materia. Son los pensamientos los que acorralan al alma. La corriente de la vista, de la conciencia, fluye hacia los pensamientos. Lo que tenemos delante solo son pensamientos y están empañando nuestra vista.

Tenemos que pasar de los pensamientos a la ausencia de pensamientos. ¡Este cambio de dirección es una verdadera revolución! ¿Cómo se puede hacer? Lo primero que hay que saber es cómo se generan los pensamientos para impedir que nazcan. Los buscadores normalmente se preocupan de reprimir los pensamientos sin entender el proceso de cómo se generan. Esto te puede llevar a la locura, pero no a la liberación. Reprimir los pensamientos no sirve para nada porque siempre habrá nuevos pensamientos. Son como esos demonios mitológicos que, cuando les cortas la cabeza, aparecen otros diez.

Yo no te digo que mates los pensamientos porque mueren solos. Los pensamientos tienen una vida muy breve, ningún pensamiento dura demasiado. Un pensamiento concreto no dura mucho, pero el proceso del pensamiento, sí. Los pensamientos van muriendo uno tras otro, pero el flujo de pensamientos no muere. Antes de que muera uno, ya ha aparecido otro. Se van remplazando muy rápido; ese es el problema. El problema no es la muerte de un pensamiento, sino lo rápido que se reproducen. Por eso no te digo que mates a los pensamientos, sino que entiendas el proceso de su nacimiento para poder evitarlo. Cuando entiendas el proceso de cómo se originan los pensamientos, podrás anular fácilmente ese proceso. Pero si no lo entiendes, seguirás generando nuevos pensamientos y al mismo tiempo intentarás resistirte a ellos. En vez de acabar con los pensamientos, lo que conseguirás con esto es destruirte.

Vuelvo a repetir que el problema no son los pensamientos, sino su origen. La cuestión es cómo se generan. Si podemos evitar que ocurra, si establecemos un control de natalidad, los pensamientos que han nacido desaparecerán enseguida. Los pensamientos mueren en un instante, pero no podemos exterminarlos a todos porque siempre aparecen otros nuevos.

Quiero decir que lo que tenemos que hacer no es destruir los pensamientos, sino impedir que surjan. La aniquilación completa se consigue impidiendo que nazcan. Todos sabemos que la mente siempre está en movimiento, siempre está cambiando. ¿Qué significa esto? Que la vida de un pensamiento no es muy larga, es momentánea, nace y se muere. Si podemos evitar que nazca un pensamiento, nos evitaremos la violencia de tener que matarlo, porque cesará espontáneamente.

¿Cómo nace un pensamiento? La concepción y el nacimiento de un pensamiento es el resultado de nuestra reacción hacia el mundo exterior. Fuera hay un mundo de acontecimientos y objetos, y nuestra reacción a ese mundo es la única responsable del nacimiento de los pensamientos. Miro una flor. Mirar no es pensar, y si solo sigo mirando, no surgirá ningún pensamiento. Pero si en cuanto la miramos, decimos: «Qué bonita es esa flor», ya ha nacido un pensamiento. Si, por otra parte, solo miro la flor, experimentaré su belleza sin que surja ningún pensamiento. Pero en el momento que entrevemos una experiencia, ya estamos poniéndole nombres. Y en cuanto le ponemos nombres nace un pensamiento.

Esta reacción, esta costumbre de ponerle nombres, recubre la experiencia y la vista con pensamientos. Estamos suprimiendo la experiencia de ver, y solo quedan palabras dando vueltas en la mente. Estas palabras son nuestros pensamientos. Los pensamientos tienen una vida muy corta, y antes de que muera un pensamiento ya estamos transformando otra experiencia en otro pensamiento. Este proceso se va produciendo a lo largo de toda nuestra vida, poco a poco, nos vamos llenando de pensamientos y estamos tan repletos que nos perdemos entre tantas palabras. Abandonar la costumbre de ponerle nombre a las experiencias es eliminar el origen de nuestros pensamientos. Intenta comprenderlo. Yo te miro, y si te sigo mirando sin intentar ponerle un nombre a lo que veo, ¿qué ocurrirá? En tu situación actual ni siquiera puedes imaginarte lo que ocurriría. La revolución que provoca en tu vida no se parece en nada a todo lo que conoces. Las palabras se interponen para evitar que ocurra esa revolución. Si yo te sigo mirando sin poner palabras, si simplemente te sigo mirando, descubriré que ese proceso me hace sentir una paz y un vacío, una nada que se extiende y que no es de este mundo, porque la ausencia de palabras es la nada.

En este vacío o esta nada, el enfoque de la conciencia da un nuevo giro y no solo te veo a ti, sino que gradualmente empieza a aparecer también el que está viendo.

En el horizonte de nuestra conciencia hay un nuevo despertar, es como despertar de un sueño y tu corazón se llena de luz pura y paz infinita. Bajo esta luz puedes ver el ser. En este vacío puedes experimentar la verdad.

Por último, no dejes que tu vista se llene de palabras, esto es lo que vamos a practicar en este retiro de meditación. Yo lo denomino el experimento del recuerdo correcto, la atención correcta. Recuerda que no tienes que formular palabras y debes estar atento a que las palabras no se interpongan. Lo puedes conseguir porque las palabras solo son un hábito. Un recién nacido ve el mundo sin la interferencia de las palabras. Eso es ver de una manera pura y directa. Más tarde se va acostumbrando paulatinamente a usar las palabras porque son útiles en el mundo y en la vida exterior. Pero lo que es útil en la vida exterior es un impedimento para conocer la vida interior. Por eso, para conocer su «ser», un hombre maduro tiene que volver a despertar en su interior la capacidad que poseen los niños de tener una visión pura. Las palabras le han servido para conocer el mundo, y ahora podrá llegar a conocer su ser con la ayuda de la nada, del vacío.

¿Qué tienes que hacer en este experimento? Tienes que sentarte en silencio, con el cuerpo relajado y la espalda recta. No permitas que tu cuerpo se mueva. Respira lenta y profundamente y sin alteración. Siéntate a observar tu propia respiración en silencio. Notarás que llegan a tus oídos sonidos del exterior, pero no reacciones de ningún modo, no pienses en ellos. Déjate llevar por un estado en el que no hay palabras y solo estás ahí como un testigo. Al establecer una cierta distancia, te das cuenta de todo lo que ocurre. No te concentres en nada, simplemente sigue observando y estando atento a todo lo que ocurre.

Escucha. Cierra los ojos y escucha. Escucha tranquilamente en silencio. Escucha los trinos de los pájaros, escucha las ráfagas de viento agitando los árboles, el llanto de un niño, el sonido de la noria del molino de agua. Simplemente escucha el movimiento de tu respiración y también el latido de tu corazón.

Sentirás una paz y una serenidad que no conocías. Descubrirás que, aunque fuera haya ruido, dentro de ti hay silencio. Entrarás en una nueva dimensión de la paz. Ya no hay pensamientos, solo queda la conciencia. Y en medio de este vacío tu conciencia vuelve al lugar donde está tu verdadera morada. Vuelves a tu casa desde el exterior.

La vista es lo que te lleva hacia fuera, y la vista es lo que conducirá a tu interior. Simplemente sigue observando. Observa tus pensamientos, tu respiración, cómo se mueve tu ombligo. No hace falta que reacciones a nada. Entonces ocurre algo que no es un elucubración mental ni es una invención tuya. Se te revela tu ser, «*lo que eres*», tu naturaleza intrínseca, y te ves cara a cara con la mayor de las sorpresas: tu ser.

Me acuerdo de una historia:

Un *sadhu*, un buscador, estaba de pie en la cima de un monte. Era temprano por la mañana y empezaba a lucir el sol. Unos amigos salieron a dar una vuelta y vieron al *sadhu* ahí solo. «¿Qué estará haciendo ahí ese *sadhu*?», se preguntaron. Uno de ellos contestó: «A veces se le pierde su vaca en el bosque y quizá haya subido a ese monte para ver si la encuentra». Su amigos no estaban de acuerdo con él. Otro dijo: «Por la postura que tiene no parece que esté buscando nada. Más bien parece que está esperando a alguien, quizá a un amigo que le acompañaba y se ha quedado rezagado en algún sitio». El tercero dijo: «No está buscando ni esperando a nadie. Está absorto en la contemplación de Dios». Como no se ponían de acuerdo, se acercaron al *sadhu* para que les aclarara la situación.

El primero le preguntó: «¿Has perdido a tu vaca?». El *sadhu* contestó: «No». El otro le preguntó: «Entonces, ¿estás esperando a alguien?». Y el *sadhu* le respondió: «No». El tercero le preguntó: «¿Estás contemplando a Dios?». El *sadhu* volvió a decir que no. Los tres se quedaron sorprendidos. Entonces preguntaron a la vez: «¿Y qué estás haciendo aquí?». El sadhu dijo: «No estoy haciendo nada. Solo estoy aquí de pie. Lo que hago es simplemente ser».

Tenemos que existir con esta sencillez, sin hacer nada. Solo hay que dejarlo todo y ser. Y entonces, ocurrirá algo que no se puede explicar con palabras. Esa experiencia que no se puede expresar con palabras es la experiencia de la verdad, del ser, de la divinidad.

4. Meditar es no hacer nada

Osho, ¿la religión y la ciencia están en conflicto?

No. El conocimiento de la ciencia es incompleto. Es como si hubiese luz en todo el mundo, pero tu casa estuviese a oscuras. Cuando hay un conocimiento tan incompleto, y no te conoces a ti mismo, la vida se convierte en un sufrimiento. Si solo conoces las cosas materiales, la vida no puede llenarse de paz, alegría y satisfacción. Aunque encuentres la prosperidad, no encontrarás la satisfacción. Podrás tener posesiones, pero no tendrás luz. Y si no hay luz, si no hay conocimiento, las posesiones se convierten en una atadura, en una soga que tú mismo has fabricado para ahorcarte.

Cuando una persona *solo* conoce el mundo, está incompleta, y estar incompleta le provoca infelicidad. Conocer el mundo te da poder y la ciencia es la búsqueda de ese poder. ¿Acaso la ciencia no ha puesto las llaves del poder ilimitado en manos de la humanidad? Sí, pero el poder no nos aporta nada que valga la pena, aunque tengamos poder no hemos alcanzado la paz. La paz no se alcanza con bienes materiales, sino conociendo la divinidad. Esta búsqueda de la divinidad es religión.

Si no hay paz, el poder es autodestructivo. El conocimiento de la materia sin el conocimiento del ser es darle el poder a la ignorancia. De ahí no puede surgir nada bueno. El conflicto que ha prevalecido hasta el momento entre ciencia y religión, y entre el mundo material y el mundo espiritual, ha tenido unas consecuencias nefastas. Los que solo investigan el mundo de la ciencia, consiguen poder, pero están intranquilos y angustiados. Y los que solo investigan la religión, alcanzan la paz, sin duda, pero son débiles y pobres. De ahí que hasta el momento la disciplina espiritual sea incompleta y esté dividida. Hasta ahora no ha habido una búsqueda de la verdad completa e íntegra.

Me gustaría que entre el poder y la paz no hubiera divisiones. Me gustaría que hubiera una síntesis, una confluencia de ciencia y religión. Eso daría origen a un hombre completo y a una cultura completa, con riqueza interior y exterior. El ser humano no es solo cuerpo o solo alma, es una unión de ambas cosas. De modo que su vida no estará completa si solo se centra en una de estas dos.

> Osho, ¿qué opinas del *samsara* o el mundo, y del *sannyas* o la renuncia? ¿Solo es posible el *sannyas* renunciando al mundo?

No hay ninguna contradicción entre mundo y sannyas. Hay que renunciar a la ignorancia, no al mundo. Renunciar al mundo no es *sannyas*. Despertar a la sabiduría, a la autorrealización, eso es *sannyas*. Ese despertar conduce a la renuncia, pero no del mundo, sino de los apegos al mundo. El mundo seguirá estando donde está y siendo lo que es, pero si transformamos nuestra perspectiva, el mundo también cambia. Esta transformación es muy original. En este estado de despertar no tienes que renunciar a nada. Todo lo que es inútil y superfluo cae por su propio peso, igual que las hojas secas de un árbol. Del mismo modo que la oscuridad desaparece cuando llega la luz, las impurezas de la vida desaparecen con la llegada del conocimiento, y solo queda el *sannyas*.

El *sannyas* no tiene nada que ver con el mundo. Tiene que ver con el ser. Es la purificación del ser, igual que hay que purificar el oro impuro. Entre el oro impuro y el oro puro no hay una contradicción, solo hay que refinarlo. Ver la vida desde el punto de vista del que no conoce su ser es *samsara*, el mundo. Ver la vida desde el punto de vista del que conoce su ser es *sannyas*.

Por eso me parece tan falso que alguien me diga que ha tomado *sannyas*. Es como si el acto de «tomar» *sannyas* fuera en contra del mundo. ¿Se puede tomar *sannyas*? ¿Se puede decir que alguien ha «tomado» el conocimiento? ¿El conocimiento que se toma de esa manera es verdadero conocimiento? Si hay que tomar *sannyas*, no es *sannyas*. No puedes ponerte una capa de verdad. La verdad es algo que se tiene que despertar en tu interior.

El *sannyas* nace. Surge con la comprensión, y gracias a esa comprensión nos seguimos transformando. A medida que cambia nuestra comprensión, cambia también nuestra perspectiva y nuestro comportamiento se transforma sin esfuerzo alguno. El mundo sigue siendo lo que es, pero en nuestro interior nace el *sannyas* gradualmente. *Sannyas* es ser consciente de que no soy solamente el cuerpo, sino también el alma. La ignorancia y el apego que hay en nuestro interior desaparecen cuando lo sabes. El mundo que está fuera sigue estando ahí, pero dejamos de sentir un apego en nuestro interior. En otras palabras, en nuestro interior no hay mundo, no hay *samsara*.

Aferrarse al mundo exterior es ignorancia, e intentar renunciar a él también es ignorancia, porque en los dos casos sigues estando vinculado a él. Tanto el apego como la oposición al mundo son ignorancia. Son dos tipos de vínculos. Para que no haya ningún vínculo, tenemos que ir más allá de ellos. El no apego no es renunciar, sino la ausencia de ambas cosas, del apego y de la renuncia. Liberarnos del apego y de la renuncia es lo que yo denomino *sannyas*.

Te puedes liberar del apego y de la renuncia con conocimiento y con comprensión. El apego es ignorancia, y la reacción que surge cuando estamos hartos del apego es la renuncia. Pero esta reacción también es por ignorancia. En el primer caso, la persona corre hacia el mundo, y, en el segundo, se aleja de él. Pero en ambos casos está corriendo, y no sabe que la dicha para el que está consagrado en su interior no es perseguir el mundo ni huir de él. La dicha consiste en estar plenamente afianzado en su ser. No hay que correr hacia el mundo ni alejarse de él. Lo que hay que hacer es ir hacia dentro, hacia tu propio ser. Recuerda que debemos adentrarnos en nuestro propio ser. Mediante el apego o la renuncia nunca llegaremos a casa. Solo es posible llegar a casa convirtiéndote en el testigo del conflicto interno entre el apego y la renuncia. Dentro de nosotros hay alguien que es testigo del apego y de la renuncia. Tenemos que conocer a ese testigo. Cuando conoces al que solamente es testigo, surge espontáneamente el no apego. Es una consecuencia natural de la autorrealización.

> Osho, entonces, ¿para ti no tiene sentido renunciar
> a tu hogar o a tu familia?

Recuerdo un *sutra* de Mahavira que decía: «La inconsciencia es posesión». No estaba diciendo que la posesión fuera inconsciencia. ¿Por qué? Porque estamos apegados a los objetos del mundo debido a nuestra ignorancia y a nuestra inconsciencia. Por dentro estamos vacíos y seguimos siendo pobres, por eso queremos llenarnos de objetos externos. Así nos engañamos y nos creemos importantes. ¿Nos podemos desprender realmente del apego renunciando a él en estas condiciones, mientras que en el interior sigue habiendo ignorancia? Nos desprenderemos de las cosas, pero no del apego.

Puedes dejar tu casa e irte a un *ashram*, pero el apego se trasladará al *ashram*. Puedes dejar a tu familia, pero el apego se trasladará a la secta. Siempre que en tu interior tengas apego, se manifestará en la siguiente situación. Por eso los que saben te recomiendan renunciar a la inconsciencia y la ignorancia, pero no a los objetos materiales. Cuando descubres el conocimiento, no tienes que renunciar a las cosas inútiles, porque estas van cayendo por sí solas.

Osho, ¿para que no haya pensamientos, tenemos que usar la concentración mental?

Yo no te he pedido que te concentres mentalmente. La concentración es forzar, es tensión. Si te concentras en una idea, una forma, una imagen o una palabra, eso no te llevará a la ausencia de pensamientos ni al despertar de la conciencia, sino a un estado inconsciente de atontamiento mental. La concentración forzada te lleva a la inconsciencia. Y es un error confundir esta inconsciencia con el *samadhi* o no mente. El *samadhi* no es un estado de inconsciencia ni de atontamiento. El *samadhi* es la realización de la conciencia absoluta. El *samadhi* es una suma de ausencia de la pensamientos y de la conciencia absoluta.

Osho, ¿cómo debemos observar el proceso de la inspiración y la espiración durante la meditación?

Mantén la columna recta. Comprueba que no esté arqueada. Cuando la columna está recta, el cuerpo está en un equilibrio natural. En esa postura, la fuerza de la gravedad de la tierra ejerce un efecto uniforme sobre todo el cuerpo y es fácil liberarse de esa fuerza. Cuando la fuerza de gravedad está en su punto mínimo, el cuerpo no interfiere para que nos quedemos vacíos, sin pensamientos. Mantén la columna recta, pero sin crear tensión ni rigidez en el cuerpo. Permite que se relaje de una forma natural, como si colgase de la columna, como si fuese un pedazo de tela colgada en una percha.

Deja que el cuerpo se relaje. Luego respira lenta y profundamente. Al inspirar y al espirar el centro del ombligo subirá y bajará. Observa ese movimiento. No hace falta que te concentres en él, simplemente obsérvalo, sé testigo de ese movimiento. Recuerda que no te estoy pidiendo que te concentres. Solo te estoy diciendo que observes y estés atento. Respira como si fueras un niño, que no mueve el pecho al hacerlo, sino el estómago. Este es el proceso natural de inspiración y espiración. La consecuencia de esta respiración natural es una sensación de paz cada vez más profunda.

Con el tiempo hemos perdido la capacidad de respirar profundamente por la alteración y la tensión que hay en la mente. Cuando llegamos a la adolescencia, respirar superficial y artificialmente se convierte en una costumbre. Tú mismo te habrás dado cuenta de que, cuanto más alterado estás, más se altera tu ritmo natural de respiración. Respira de una forma natural, rítmicamente, sin esfuerzo. La armonía de una respiración natural nos ayuda a eliminar las alteraciones de la mente.

Osho, ¿por qué nos aconsejas que observemos el proceso de la respiración?

Lo hago porque la respiración, inspirar y espirar, es el puente que hay entre el cuerpo y el alma. El alma reside en el cuerpo gracias a la respiración y debido a ella. Cuando tomas conciencia de tu respiración, percibiéndola directamente, puedes experimentar de forma gradual que no eres el cuerpo: «Aunque estoy en el cuerpo, no soy solo el cuerpo. Es mi hogar, pero no es mi soporte».

Cuando aumenta la percepción directa de la respiración, podemos experimentar cada vez más la presencia y la proximidad de lo que no es el cuerpo. Llegará un punto en el que podrás ver a tu ser claramente separado de tu cuerpo. Entonces comprenderás los tres niveles de tu existencia: el cuerpo, la respiración y el alma. El cuerpo es el caparazón, la respiración es el puente, la conexión, y el alma es el ser, el soporte.

El papel de la respiración es fundamental en el camino hacia la autorrealización, porque es el punto central. Por un lado, está el cuerpo y, por otro lado, está el alma. En el nivel corporal ya existimos, pero lo que anhelamos es estar en la esfera del alma. Para ello es esencial estar en el nivel del *prana* o la respiración. La transición se realiza mediante la respiración. Desde el nivel de la respiración podemos mirar en las dos direcciones. Desde ahí podemos ver claro el camino que conduce al corazón y al alma. Solo es un camino y es el mismo, aunque tenga dos sentidos claramente diferenciados. Siguiendo la respiración es más fácil. Espero que entiendas ahora por qué hago tanto hincapié en la respiración.

Osho, ¿por qué dices que la meditación es no hacer?
¿Acaso no es al mismo tiempo una acción?

Mírame, por favor. Tengo el puño cerrado. Para cerrar el puño tengo que realizar una acción positiva. Cerrar es una acción, es hacer algo, pero ¿qué tengo que hacer para abrirlo? No tengo que hacer nada. Simplemente, he de dejar de hacer el esfuerzo de cerrarlo y entonces se abrirá por su propia cuenta, y la mano volverá a su estado normal y natural. Por lo tanto, no puedo decir que abrir el puño sea «hacer» algo. Es «no hacer», o también podrías decir que es una «acción negativa». Pero eso no cambia nada, es lo mismo. No me interesan especialmente las palabras, pero sí me interesa que entiendas lo que estoy intentando decir.

Cuando digo que la meditación es no hacer, lo que quiero señalar es que no debes considerarlo como una tarea o una ocupación. La meditación es un estado de no ocupación. Es un estado natural y no tienes que transformarlo en un tipo de tensión mental. Si la meditación fuese un estado de tensión mental, de «hacer», no te conduciría a tu estado natural, que es la paz. La tensión misma es un estado de inquietud. Para poder entrar en la dimensión de la paz, hay que empezar por la paz. Si no hay paz en el primer paso, tampoco la habrá en el último. El segundo paso es simplemente la culminación del primero.

Veo gente ir a los templos a adorar a dioses y diosas. También los veo sentarse a meditar, pero lo hacen como una actividad, hay tensión, hay una especie de desasosiego. Si esperan que florezcan flores de paz con ese desasosiego, están completamente equivocados.

Si buscas la paz, si quieres estar en paz, es imprescindible que empieces estando en paz desde el primer momento.

5. Detente a mirar

No busques la verdad. En toda búsqueda interviene el ego. Y el obstáculo es el propio ego. Piérdete, desaparece. Cuando desaparezca el «yo» como ego, podrás ver lo que realmente es. Cuando desaparezca el «yo», podrás ver el *ser* de ese «yo». Solo podrás encontrar tu ser cuando te pierdas. Del mismo modo que solo puede brotar la vida en una semilla cuando esta se abre y deja de existir, el brote de la vida eterna solo nace cuando la semilla que llamamos «yo», que es un caparazón del alma, se abre y deja de existir.

Acuérdate de este *sutra*: si quieres alcanzar tu ser, tendrás que desaparecer. La inmortalidad solo se alcanza a costa de morir. La gota se convierte en el océano cuando se diluye en él.

Tú eres el alma, pero si buscas el alma en tu interior, solo encontrarás deseos. Toda nuestra vida son deseos. El deseo significa que quieres convertirte en algo, alcanzar algo. Todo el mundo quiere ser alguien o conseguir algo. Nuestras vidas son una carrera constante. Nadie quiere estar donde está. Todo el mundo quiere estar donde no está. El deseo expresa un descontento manifiesto respecto a lo que es, y un anhelo profundo de lo que no es. Esta carrera enloquecida no tiene fin, porque en cuanto consigues algo, el deseo se vuelve a centrar enseguida en lo que no tienes. Siempre busca un nuevo objetivo.

El deseo es como el horizonte. Cuanto más te acercas a él, más se aleja de ti. Esto es así simplemente porque el horizonte no existe. Es una ilusión, es un espejismo. No es real. Si fuera real, se iría aproximando a medida que te acercas a él; si fuera irreal, desaparecería cuando te acercas a él. Pero no es real ni irreal, sino una ilusión, un sueño, un espejismo, una creación de la imaginación, y por mucho que te intentes acercar a él, siempre estará igual de lejos.

Irreal es lo contrario de real. La ilusión o *maya*, no es lo contrario de lo real, sino un velo, una capa. Es una niebla, un humo que oculta nuestro ser, nuestra alma. Estamos persiguiendo lo que no somos, y eso nos impide ver lo que somos. El deseo es un velo que tapa el alma, y debido a él nos resulta imposible conocer nuestras almas. Nunca vemos lo que somos porque siempre estamos intentando ser otra cosa.

Cuando cesa por un instante esta carrera y este deseo de ser otra cosa, se manifiesta lo que es, igual que el sol se manifiesta en cuanto no hay nubes. Yo denomino *dhyana* o meditación a la ausencia de esta carrera de querer convertirte en algo. Y en el momento que conoces lo que realmente es, te sientes maravillado, porque en ese momento encuentras lo que siempre habías deseado. Ver el alma es la satisfacción total del deseo, porque ahí no te hace falta nada.

El pensamiento es una señal de ignorancia. En el conocimiento no hay pensamientos, solo vemos. De ahí que el camino del pensador nunca nos pueda llevar al conocimiento. La conciencia –estar libre de pensamientos– es una puerta al conocimiento. El conocimiento no es un logro, sino un descubrimiento. No hay que lograr nada, solo hay que destaparlo. Siempre ha estado presente en nuestro interior. Solo tenemos que excavar hasta llegar a él, como si estuviéramos haciendo un pozo.

Los manantiales y las fuentes naturales de agua dulce están profundamente enterradas en la tierra bajo muchas capas de piedras. En cuanto levantas las piedras, la corriente de agua sale al exterior. Veo muchas capas de pensamientos enterrando las fuentes del conocimiento. En cuanto elimines estos pensamientos, surgirá una fuente ilimitada de conciencia. Cava un poco en tu interior. Usa la herramienta de la meditación para eliminar esas capas de pensamientos. Elimina los pensamientos con una atención correcta y una conciencia despierta, quítales las raíces. Entonces, lo que sepas será conocimiento. El conocimiento está en esa llama pura de conciencia en la que no hay pensamientos.

No te pido que te alejes del mundo. Te pido que tú mismo generes esa soledad en tu interior. Cambiar de sitio no te servirá de nada, lo que hace falta es que cambies tu estado interior. Lo importante y fundamental no es dónde estés, sino cómo está tu mente. Aunque vayas a un lugar solitario, si dentro de ti no hay soledad, estarás rodeado de una multitud incluso ahí, porque esa multitud está en tu interior.

Amigos míos, la multitud no está fuera, sino dentro de ti. ¿De qué te sirve huir de la multitud que está fuera si estás acorralado por una multitud en tu interior? La multitud que te acompaña ahora, te seguirá acompañando cuando estés solo. Huir de la multitud no tiene sentido. Lo único que tiene sentido es dispersar a esa multitud que hay en tu interior. Así que no busques la soledad fuera, conviértete en esa soledad. No te vayas a un sitio solitario, crea ese espacio en tu interior. En cuanto te experimentes internamente, en tu soledad más absoluta, te darás cuenta de que nunca ha habido un mundo, nunca ha habido un mundo exterior, porque estaba todo dentro de ti. Cuando observas el mundo desde la paz, el vacío y la soledad, ese mundo se convierte en lo divino. Descubres que tú mismo eres todo lo que te rodea. *Te* conviertes en todo. Debió ser en un momento como este que alguien exclamó: *«Aham brahmasmi»,* yo soy Dios, yo soy la realidad suprema.

Tu mente ha ido acumulando polvo de muchos siglos. Nos han cegado con todas las tradiciones, convenciones y supersticiones. Del mismo modo que una casa abandonada está llena de telarañas y de aves nocturnas, nosotros estamos llenos de pensamientos que hemos tomado prestados de otras personas. Estos pensamientos prestados sobre la verdad y sobre Dios son el gran obstáculo. Nos impiden conocer nuestra propia verdad. Y así nunca tendremos la inquietud de la búsqueda del ser, que podría despertar nuestra conciencia dormida. Antes de que podamos conocer la verdad, tenemos que deshacernos de esos conocimientos que hemos heredado de los demás. Sacúdete toda esa información que has recibido de otras personas y de las tradiciones como si te sacudieras el polvo del sombrero. Esta limpieza hará que desaparezca la cortina que te separaba de la verdad. La afluencia de pensamientos son como un muro. Hay un abismo entre saber *acerca* de la verdad y saber la verdad. Saber acerca de la verdad es estar encadenado a un conocimiento prestado, muerto, y saber la verdad es el cielo abierto de la experiencia personal. Una cosa te quita la capacidad de volar y la otra te da alas que te llevan a lo divino. Por eso hablo del vacío, de la nada. El vacío elimina la carga del pensamiento. Del mismo modo que antes de emprender una escalada a una montaña, una persona debe dejar su carga en el campamento, antes de empezar la búsqueda de la verdad, tenemos que liberarnos de la carga del pensamiento. Cuanto más ligero vaya el montañero, más alto podrá llegar. Y del mismo modo, si alguien quiere escalar la montaña de la verdad, la altura que alcance será proporcional a su ligereza, a su vacío. Los que aspiran a coronar la última cumbre, lo divino, tendrán que alcanzar el vacío supremo, donde su ser se convierte en no ser. En las profundidades del vacío es donde nacen las alturas absolutas, y la música del ser nace del no ser. Y entonces comprendes que el nirvana, el cese en sí, es alcanzar el *brahman* o lo divino.

Desconocemos la verdad. ¿Cómo es posible conocerla a través de los pensamientos que son lo que conocemos? Es un esfuerzo completamente absurdo. No hay ningún camino de lo conocido a lo desconocido. Lo conocido no te puede llevar a lo desconocido. No es ni lógico ni es posible. Lo conocido solo gira en torno a lo conocido. Por mucho que intentes pensar dentro del mundo de lo conocido, no hay ninguna posibilidad de ir más allá o por encima de lo conocido. Evidentemente hay un movimiento, pero es un movimiento circular, como un buey dando vueltas a un molino. Siempre se está moviendo en el mismo sitio, sin llegar a ninguna parte.

Hasta ahora nadie ha descubierto la verdad con el pensamiento. Quienes han llegado a ese destino lo han hecho a través de otra puerta. Yo no considero que Mahavira, Lao Tzu, el Buda o Jesús sean pensadores. Lo que ellos han alcanzado no es una consecuencia del pensamiento. Entonces, ¿cómo lo han hecho? No lo han hecho por el camino del pensamiento sino dando un salto para alejarse de él. No puedes alcanzar lo desconocido si vas por el camino trillado de lo conocido. Lo que te lleva a lo desconocido es saltar desde lo conocido.

Intenta entender el significado de la palabra *salto*. Aprende qué significa este *salto*. Tú también tendrás que darlo. Estás en el plano del pensamiento. Estás en el pensamiento, viviendo en el pensamiento, y tendrás que dar un salto desde ahí al mundo de la ausencia de pensamientos. Tienes que saltar desde los pensamientos a un mundo en el que solo hay silencio. Tienes que saltar desde la palabra –que es sonido– al silencio. ¿Puedes dar ese salto simplemente pensando? ¿Vas a pensar en cómo dar ese salto? No, esto solo te sirve para atarte a la rueda del pensamiento, y no te lleva a ningún sitio. No pienses, ¡despierta! Despierta del proceso de pensamiento. Observa el movimiento circular de los pensamientos. Simplemente observa.

Y, cuando los observes de este modo, te darás cuenta de que el salto se ha producido en algún momento sin ningún esfuerzo y estás en las profundidades sin fondo del vacío. Si logras abandonar la orilla de lo conocido, verás cómo las velas de tu barco se despliegan automáticamente en el océano de lo desconocido. ¡Y qué alegría navegar así, en el océano de lo desconocido! ¿Cómo podría describirlo?

Tu desasosiego no te permite ver. Cuando los ojos están llenos de intranquilidad, no pueden ver. No importa que las lágrimas sean de pena o alegría. Los ojos que están llenos de algo no ven la verdad. Para verla, tienen que estar vacíos. Un ojo solo puede ver la totalidad cuando es como un espejo y no tiene nada suyo.

Esto me sucedió en un pueblo. Una persona me preguntó cómo encontrar a Dios. Y yo le dije: «¿Me estás diciendo que te has encontrado a ti mismo y por eso ahora quieres encontrar a Dios?».

Queremos conocer a Dios sin conocernos a nosotros mismos, ¡ni siquiera conocemos lo que está más cerca! ¿Qué puede estar más cerca de nosotros que nuestro propio ser? Por lo tanto, la ignorancia solo se puede derrotar y destruir ahí. Si eres ignorante en este punto, no podrás tener un conocimiento de primera mano en ningún otro plano.

La llama del conocimiento empieza a arder al principio dentro del ser humano. Este ser interior es «la luz» del conocimiento, es donde nace el sol del conocimiento. Si ahí hay oscuridad, puedes estar seguro de que no habrá luz en ningún otro sitio. Tienes que conocerte a *ti mismo,* no a Dios. En última instancia, este rayo de luz se convertirá en el sol. Cuando te conozcas a ti mismo, te darás cuenta de que existe *sat-chit-ananda*, de que existe el ser, la conciencia y la dicha, y que no hay un «yo», no hay ego. Darse cuenta de esto es darse cuenta de la divinidad.

El ser humano es un alma envuelta en un ego, y esto es ignorancia. Un alma que se ha liberado del ego es Dios, y esto es conocimiento. ¿Dónde quieres ir a buscar tu alma? No la encontrarás en ninguna de las diez direcciones. Pero hay una undécima dirección. ¿Lo sabías? Te voy a mostrar esa dirección.

Esa undécima dirección eres tú mismo, y podrás encontrarla cuando dejes de buscar en las otras diez. La undécima dirección no es como las demás. En realidad, no es una dirección, sino una no dirección, es la negación de una dirección. Te lleva a un lugar del que nunca has salido. Es tu entidad, es el estado de tu propio ser interno. Las diez direcciones te conducen hacia fuera y juntas crean el mundo. Esas diez direcciones son el mundo. Son el espacio, son la distancia. Pero naturalmente el que conoce esas diez direcciones y se mueve dentro de ellas tiene que estar separado de ellas, de lo contrario, no las conocería ni se movería dentro de ellas. Se mueve y, al mismo tiempo, no lo hace, porque si no estuviese completamente quieto en su propia cualidad de *ser*, no sería capaz de moverse. En el medio de todo ese movimiento, lo que hay es quietud, en el centro de esa rueda que gira hay un punto que está inmóvil. ¿Te has fijado en las ruedas de una carroza? Las ruedas solo se pueden mover porque el eje está inmóvil. Para que haya movimiento siempre tiene que haber algo que esté inmóvil. La vida es inestable y transitoria, pero el alma es permanente y estable. El alma es la undécima dirección. No hay que ir a ningún sitio a buscarla, a ningún sitio. Deja de buscar y observa al que reside en tu interior. Despierta al que realmente es. Esto solo es posible si no estás buscando. Solo es posible si te detienes, si dejas de correr.

Detente y mira. En estas dos palabras se halla la clave de la religión, de toda la búsqueda y la práctica espiritual. Detente y mira, y se abrirá para ti la undécima dirección. Entrarás en tu cielo interno a través de ella. Ese cielo interno, ese espacio interno, es el alma.

Yo te veo corriendo detrás de algo, pero esa carrera acabará en una caída. ¿No ves que la gente se cae todos los días? ¿No es consecuencia de tanto correr? ¿Tanto correr no te lleva a la muerte? Los que se dan cuenta antes de esta verdad se liberan del desastre final.

Quiero que te pares y veas. ¿Me harás caso? ¿Escuchas mi llamamiento en medio de la inconsciencia de tu carrera desenfrenada? Párate y observa quién está corriendo. Párate y mira quién es ese «yo». En cuanto remita la fiebre de correr, desaparecerán las diez direcciones y solo quedará una, la no dirección, la que te lleva a la raíz, a la fuente, al origen mismo.

Había un maestro que le solía preguntar a la gente cómo eran antes de nacer. ¿Qué le dirías si te lo encontraras? ¿Sabes cómo eras antes de nacer? ¿Sabes cómo serás después de tu muerte? Si aprendes a pararte y a ver, lo sabrás. Lo que ya estaba ahí antes de que nacieras y lo que seguirá ahí cuando te mueras, está en tu interior en este mismo instante. Solo se trata de que te vuelvas un poco hacia dentro y mires. Párate y mira.

Te invito a entrar en este maravilloso mundo.

6. Naturalmente moral

Alma consciente:

Entiendo muy bien tu anhelo y tu ansiedad. Estás ansioso por saber la verdad y entenderla. Quieres desvelar el misterio de la vida para poder alcanzarlo. Lo que llamamos vida realmente no es vida en absoluto. Solo se podría considerar un largo e interminable proceso de muerte. Es verdad que no se puede alcanzar la vida sin conocerla. Nacer es una cosa, pero la vida es otra cosa. Hay una enorme diferencia entre haber nacido y alcanzar la vida. Es una diferencia tan grande como la que hay entre la muerte y la inmortalidad. El fin de mantenerse simplemente con vida es la muerte, mientras que una vida completa es una vida divina, celestial.

Creo que los que ansían tener una vida divina, los que quieren conocer a Dios y la verdad, tienen dos formas de llegar o dos caminos. Un camino es el de la moralidad, y otro, el de la religión. La moralidad y la religión no se suelen considerar caminos diferentes. Se consideran escalones sucesivos de una misma escalera. Generalmente, se cree que para que una persona se vuelva religiosa, primero tiene que ser moral. Sin embargo, yo no lo veo así. Os contaré lo que he descubierto. Yo no creo que una persona moral sea necesariamente religiosa, pero una persona religiosa necesariamente es moral. No te vuelves religioso simplemente porque seas moral, y la moralidad no es ni el punto de partida ni la base de la religión. Al contrario, la moralidad es la consecuencia de volverte religioso. Las flores de la moralidad crecen en la planta de la religión.

La moralidad es la expresión de una vida religiosa. Creo que la religión y la moralidad van en direcciones distintas, y no solo diferentes, sino opuestas. Te lo voy a explicar.

La disciplina, la moralidad, es una purificación de la conducta, una purificación del comportamiento. Es un intento de cambiar la personalidad del ser humano en la periferia. La periferia de la personalidad es la consecuencia de nuestras relaciones con los demás. Es nuestro comportamiento, nuestra relación con los demás. Mi manera de comportarme o cómo actúo con los otros es mi comportamiento. El comportamiento es una relación.

No estoy solo, estoy rodeado de gente por todas partes. Y, como vivo en una sociedad, tengo contacto y me relaciono con diferentes personas en cada momento de mi vida. Estas interrelaciones conforman mi vida, y la bondad o maldad de mi conducta se define de acuerdo a que mis relaciones sean buenas o malas.

Nos enseñan a tener una buena conducta. Eso es por el bien de la sociedad, es una necesidad social. A la sociedad, sin embargo, tu personalidad individual o desnuda no le interesa. En ese aspecto, a la sociedad no le afecta que tú existas o dejes de existir. Solo le importas cuando te relacionas con alguien o con algo. Lo que le importa no eres tú, sino tu comportamiento. Lo relevante para la sociedad no eres tú, sino tu comportamiento. Por eso no debe sorprendernos que la sociedad promueva la buena conducta. Para la sociedad, el ser humano es poco más o menos su conducta. Sin embargo, esta enseñanza de la buena conducta, este mandamiento de moralidad que ejerce la sociedad, da lugar a una falacia. Da lugar a una falacia fundamental. Naturalmente, los que desean alcanzar a Dios y la religión creen que es necesario ser virtuosos para alcanzar la verdad. Creen que solo puedes conocer a Dios mediante la buena conducta, y que deberán alcanzar la virtud antes del advenimiento de la verdad. Creen que la religión solo surge con una vida de moralidad, que la moralidad es el fundamento de la religión y es su cima, que es la semilla de la religión y será su fruto, que es la causa de la religión y será su efecto. Esta forma de pensar parece clara y correcta. Pero yo os advierto que es totalmente falsa porque, aunque parece clara y correcta, está mirando la realidad bocabajo. En realidad, la verdad es otra cosa muy distinta.

El camino de la moralidad ni siquiera hace que el ser humano sea moral, y mucho menos religioso. Simplemente, le convierte en un ser social, pero confundimos ser social con ser moral. El mero buen comportamiento no hace que una persona sea moral. Para que ocurra esa revolución se requiere una purificación interna. Si no transformas tu ser interno, no podrás modificar tu conducta. Pretender cambiar la periferia sin cambiar el centro es esperar en vano. No es solo un esfuerzo inútil, sino que es fatal. Eso es ejercer violencia contra uno mismo. Es causarnos una aflicción a nosotros mismos.

No hay duda de que esta represión satisface las necesidades de la sociedad, pero el individuo no soporta la presión y se hace añicos. Provoca una escisión, una dualidad en él. Pierde su naturalidad y su simplicidad, y esto se acaba convirtiendo en un conflicto interno. Se convierte en una lucha constante, en una pelea interna interminable de la que nunca sale victorioso. Esto es satisfacer las necesidades de la sociedad a costa del individuo. Yo lo denomino violencia social.

No tiene importancia lo que se manifieste en el comportamiento del hombre. Lo que importa son las causas que provocan esta manifestación. El comportamiento es un indicador de lo interno, no es la raíz. El comportamiento solo es una manifestación externa del ser interior. Solo un ignorante puede pretender cambiar la manifestación sin cambiar al que se manifiesta.

Esta clase de esfuerzo espiritual es inútil y no dará frutos nunca. Es como si alguien quisiera matar un árbol cortándole las ramas. De esta manera no conseguirá matar al árbol, sino que aumentará su vigor. La vida del árbol no está en las ramas, sino en las raíces, en las raíces que están ocultas bajo la tierra. Lo que se ha manifestado en forma de árbol y de ramas son las esperanzas y los deseos latentes de las raíces. ¿Cómo puedes solucionarlo cortando las ramas? Si realmente quieres que haya una revolución en tu vida, tendrás que ir a las raíces. Las raíces del comportamiento humano están en su ser interior. El comportamiento no precede al ser interior, viene después. De ahí que cualquier intento de cambiar el comportamiento solo se convierta en represión. ¿Y la represión puede provocar una transformación?

De cualquier modo, ¿qué es la represión? La represión es no permitir que el ser humano tenga unos sentimientos y un comportamiento espontáneo. ¿Y a dónde va todo lo que hemos reprimido? ¿Nos liberamos de ello de este modo? ¿Cómo puede nacer la libertad de la represión? Las cosas que hemos reprimido seguirán estando en nuestro interior, pero buscarán recovecos más profundos, oscuros e inconscientes en los que esconderse. Entrarán en regiones más profundas. Se esconderán en un sitio donde no podrá alcanzarlos nuestra conciencia de la represión. Pero estas raíces que han profundizado siguen creciendo, y las ramas florecen y dan frutos, y entonces se produce un conflicto tan grande entre nuestra mente consciente e inconsciente, que el resultado final es la locura.

La locura es la consecuencia natural de una civilización basada en este tipo de supuesta moralidad falsa. De ahí que esté aumentando la locura con el avance de la civilización, y podría llegar un momento en el que toda la civilización acabe enloqueciendo. Las dos últimas guerras mundiales han sido por culpa de este tipo de locura, y nos estamos preparando para una tercera, que, quizá, sea la ultima.

Las explosiones que hay en la vida personal de cada persona y las que ocurren en la sociedad –violencia, violaciones, inmoralidad, barbarie– son una consecuencia de la represión. Una persona no puede llevar una vida simple y natural por culpa de todas esas represiones, y un día sucumbirá a la presión. Por eso los que recurren a la hipocresía se salvan de este conflicto interno. Fingen ser lo que no son. No tienen un conflicto interno, sino que lo fingen.

La hipocresía también nace de una moralidad basada en la represión. Es otra consecuencia de esa supuesta moralidad. Es una forma de liberarnos del conflicto interno. Como ya he dicho, nuestras supuestas vidas morales no permiten que surja de dentro un comportamiento espontáneo y expresamos algo que realmente no es. El primero de los dos procesos nos lleva a la represión, y el segundo, a la hipocresía. El resultado final del primer proceso es el loco, y del segundo, el hipócrita. Ninguno de los dos resultados es bueno, no son una buena elección. Nuestra civilización solo nos ofrece estas dos alternativas. Pero también hay una tercera opción: vivir la vida de un animal. El criminal surge de esta tercera opción. Queremos evitarlo, queremos evitar convertirnos en animales, por eso la sociedad solo nos ofrece las primeras dos alternativas.

Convertirte en un animal significa entregarte por completo a los instintos inconscientes. Eso tampoco es posible, porque no podemos hacer que algo que ya es consciente en el ser humano se vuelva inconsciente. Buscamos esta inconsciencia con la embriaguez. La búsqueda de sustancias estupefacientes es un indicativo claro de nuestro deseo de convertirnos en animales. El ser humano solo puede estar absolutamente conforme

con la naturaleza, con el animal, cuando está del todo inconsciente. Pero esto equivale a la muerte. Este es un hecho que
merece examinarse detenidamente.

¿Cómo es posible que, cuando está en un estado completamente inconsciente, el hombre se convierta en un animal,
y por qué persigue ese estado de ser un animal? Esto es un signo de que la conciencia del hombre no forma parte del mundo
animal, de la naturaleza, sino de lo divino. Es un potencial. Es
una semilla que no hay que destruir, sino alimentar. Solo tendremos la posibilidad de alcanzar la libertad, la liberación y la
dicha cuando se desarrolle plenamente,.

Entonces, ¿qué debemos hacer? Nuestra civilización nos da
tres opciones: la del animal, la del loco y la del hipócrita. ¿Hay
también una cuarta opción?

Sí, y es la que yo denomino religión. Es el camino de la inteligencia, de la conciencia, y no de la bestialidad, la locura o
la hipocresía. No es el camino de la complacencia, el salvajis-
mo, la represión o la actuación, sino el camino de la verdadera vida y el conocimiento.

Encierra el fruto de la buena conducta y elimina la parte animal del hombre. No reprime sus pasiones inconscientes, sino
que libera al ser humano de su influencia. No conduce a fingir
una buena conducta, sino a llevar una verdadera vida. No es
ponerse una máscara o algún otro comportamiento externo,
sino transformar su ser interno. No es una solución de la sociedad, sino del ser. No cambia nuestras relaciones, sino que
transforma nuestro propio ser. A consecuencia de esto, las re-

laciones cambian de forma automática. Provoca una revolución en nuestro ser, en nuestra personalidad básica, en lo que somos de verdad. Entonces todo lo demás se transforma automáticamente.

La moralidad es social y la religión es individual. La moralidad es un comportamiento y la religión es nuestro ser interior. La moralidad es la periferia y la religión es el centro. La moralidad es la personalidad y la religión es el alma. La religión no sigue la estela de la moralidad, pero la moralidad sigue invariablemente a la religión. La moralidad ni siquiera consigue hacer que un hombre sea moral, ¿cómo va a hacerle religioso? La moralidad empieza por la represión, por aguantarte muchas cosas, mientras que la religión empieza por el conocimiento.

En la vida hay maldad, impureza y mentira. El ser humano tiene que encontrar sus raíces. ¿Dónde y cómo nace el mal? ¿En qué parte de nosotros está el centro donde nacen estos venenos que intoxican nuestro comportamiento? A pesar de que pensamos en la virtud y el bien, ¿cómo consigue engullirnos el mal, acorralar nuestra vida y contaminar nuestro comportamiento, y que nos olvidemos de esos pensamientos? ¿Por qué el poder de la pasión siempre consigue derrotar nuestros buenos pensamientos?

Todo esto lo tenemos que observar nosotros mismos. No nos sirven las conclusiones de los demás, porque el poder y la energía para destruir el origen que alimenta y mantiene el mal solo se genera durante el proceso de observación. Tenemos que practicar nosotros mismos esta observación constante porque no es simplemente un medio para conocer el mal, sino también para eliminarlo. Cuando observamos el «yo», la inconsciencia interna, cuando estamos despiertos y alerta, la luz llega hasta nuestros rincones más oscuros. Y esa luz no solo ilumina las raíces de nuestro comportamiento, sino que empieza a transformarlas.

Este *sutra* merece toda tu atención: la observación no solo genera conocimiento, sino que también lo transforma. De hecho, la observación aporta conocimiento, y el conocimiento aporta transformación. La revolución del conocimiento es la transformación de tu vida. Es como cavar la tierra para sacar las raíces de un árbol a la luz y poder saber cómo son. Esto no solo nos permitirá saber cómo son, sino que, cuando las saques de la oscuridad y las separes de la tierra, se morirán. Por un lado, podemos observar las raíces del árbol y, por otro, las ramas se van marchitando.

La observación puede ser la muerte de las raíces del deseo y la pasión. No soportan la luz. El mal no soporta el conocimiento. Cuando Sócrates dijo: «El conocimiento es una virtud», probablemente era esto lo que quería transmitir. Yo también afirmo lo mismo: el conocimiento es una virtud y la ignorancia es el mal. La luz es la verdadera moralidad y la oscuridad es la inmoralidad.

La observación, la observación constante de uno mismo, de las tendencias inconscientes de la mente, despierta la conciencia y le permite penetrar en la mente inconsciente. La inconsciencia entra en la conciencia a través de la puerta del sopor, la falta de atención, la embriaguez y el descuido, y se impone. Hemos comprobado que los instintos y las tendencias animales solo son posibles cuando no hay conciencia. La ira y la lujuria solo nos dominan cuando no tenemos conciencia, y es el motivo por el que los estupefacientes nos ayudan a satisfacer nuestro instinto animal.

La conciencia entra en la mente inconsciente cuando aprendemos a sobreponernos al sopor mediante la vigilancia, la atención y la observación. La conciencia puede más que él. Nos llenamos de conciencia en el mismo grado que aumenta la observación y la atención, y en el mismo grado que desarrollamos el enfoque correcto y la observación de nuestras tendencias, acciones, pasiones y deseos. Los instintos, los arrebatos de pasión y los impulsos inconscientes desaparecen, porque solo existen cuando hay un estado de falta de atención, sopor e inconsciencia. En un estado consciente simplemente no pueden existir.

No olvides que, hasta la fecha, nadie ha hecho nada malo estando atento y consciente. Cualquier pecado nace de la inconsciencia, es la inconsciencia misma. Tal y como yo lo veo, el único pecado que hay es la inconsciencia. La observación destruye la inconsciencia. Por eso hay que entender qué es la observación y cómo podemos practicarla.

Entonces, ¿qué es la observación? Es sentarse en silencio, como os expliqué ayer cuando hablábamos sobre el experimento de la atención correcta, observando y viendo todo lo que ocurre en nuestro interior. Dentro de nosotros hay un mundo de pensamientos y pasiones. Tenemos que observarlo y seguir mirándolo como si estuviéramos viendo olas en la orilla del mar. Krishnamurti lo denomina «atención sin elección». Es una observación completamente indiferente. Es muy importante que seamos indiferentes.

Indiferente significa no elegir, no juzgar. No etiquetar como buena o mala ninguna pasión ni deseo. No juzgar nada como bueno o malo, virtud o vicio. Simplemente observar. Convertirnos meramente en un testigo, y estar al margen y distantes, como si no tuviéramos otro propósito que estar atentos y observar. En cuanto se inmiscuye un propósito, en cuanto aparece una elección o un juicio, se acaba la observación. Entonces dejas de observar y empiezas a pensar. Intenta ver la diferencia que hay entre observar y pensar. Es un proceso en el que no tenemos que pensar. El pensamiento es una acción de la conciencia dentro de la conciencia. La observación es penetrar la inconsciencia con la conciencia. En cuanto aparece el pensamiento, aparece la separación entre bueno y malo, y aparece una sutil represión. El inconsciente cierra las puertas y no nos permite conocer sus misterios. El inconsciente no nos revela sus secretos mediante el pensamiento, sino mediante la observación, porque, cuando no hay represión, sus impulsos y sus tendencias salen a la luz de forma natural y espontánea, con toda su naturalidad y realidad, y no tenemos que disfrazarlos para ocultarlos. El inconsciente se nos presenta desnudo, sin tapar. ¡Y esto nos provoca terror! El hombre se asusta cuando ve la forma desnuda que reside en el fondo de su propio ser. Le gustaría cerrar los ojos para no verlo. Quiere abandonar la observación de las profundidades y volver rápidamente a la superficie.

Este es el momento que pone a prueba nuestra paciencia y nuestra tranquilidad. Este es el momento del salto cuántico, como yo digo. Los que consiguen darlo con valentía y con calma se convierten en dueños de un maravilloso conocimiento y misterio. Han visto las raíces del deseo y la pasión, y han penetrado en el corazón del inconsciente. Esto les aporta una libertad extraterrenal.

Este es el camino: de la atención correcta a la observación, de la observación al conocimiento y del conocimiento a la liberación. Ese es el camino de la religión, eso es la meditación. Quiero que entiendas este camino y que lo recorras. Solo así podrás entender la alquimia de la transformación del comportamiento a través de una revolución interior. Entonces te darás cuenta de que la moralidad no va primero. Primero va la religión, y la moralidad es una consecuencia. Lo que tenemos que alcanzar es la religión, no la moralidad. La moralidad viene después del despertar de la religión, del mismo modo que las huellas de las ruedas de un carro de bueyes se ven después de que haya pasado. Si te queda claro esto, habrás entendido una gran verdad y habrá desaparecido una enorme fantasía.

Yo veo la transformación del hombre a través de una revolución interna, a través de esta penetración del inconsciente por la conciencia. Partiendo de esta ley, podrá nacer un nuevo hombre y se establecerán los cimientos de una nueva humanidad y una nueva cultura.

Este hombre que ha despertado con su autorrealización, naturalmente es moral. No tiene que cultivar la moralidad. No es el resultado de un esfuerzo o un empeño, sino que la irradia, como una lámpara irradia luz. Su buena conducta no se basa en enfrentarse a su mente inconsciente, sino que proviene de la totalidad de su ser interior. Está totalmente presente en cada uno de sus actos. En él no hay multiplicidad, sino unidad. Es un ser humano completo, integrado, una persona libre de dualidad.

Y la música que se escucha cuando has ido más allá de la dualidad interna no es de este mundo ni de este tiempo. En esa paz, en esa no dualidad, en esa inocencia, nos penetra una música intemporal e inmortal y nos hacemos uno con ella.

Esta realización, para mí, es la divinidad.

7. Ver sin pensar

Osho, ¿tú crees que ser moral es malo?

No. Yo no creo que ser moral sea malo, creo que lo malo es tener la sensación de ser moral, porque se convierte en un obstáculo para que surja la verdadera moralidad.

La falsa moralidad es una imposición externa, es algo que se cultiva. No cumple otro propósito que el de satisfacer la hipocresía, y, en mi opinión, no hay un estado mental más inmoral que el de la hipocresía y el egoísmo. La falsa moralidad se cubre incluso de un manto de humildad y de falta de egoísmo, pero el ego, en el fondo, se está alimentando y florece. ¿No ves lo que estoy diciendo sobre vuestros santos y monjes? Esa supuesta moralidad –impuesta desde el exterior y que hay que cultivar con esfuerzo– solo es una actuación. Lo que hay en el interior de la mente de las personas a menudo es justo lo contrario. Lo que aparece en la superficie es lo que falta en el interior. Fuera hay flores y dentro hay espinas. Esta oposición constante y este enfrentamiento entre el comportamiento y el ser interior –hay una brecha insalvable entre la conciencia y

la inconsciencia– divide al ser humano y lo vuelve esquizofré-
nico. No puede haber armonía dentro de una persona así. Y si
no hay armonía ni música, no puede haber dicha. Yo opino que
una verdadera vida moral es la expresión de la dicha.

La moralidad es una expresión de la dicha, es una expresión natural. Cuando tu ser interior emana dicha, esto se manifiesta en una buena conducta y moralidad en el exterior. El
perfume de la dicha que emana una persona así es la bondad
que hay en su vida.

Por eso te pido que generes armonía y no conflicto. Intenta
comprender esta verdad. No te limites a escuchar lo que estoy
diciendo, intenta vivirlo. Solo así podrás comprobar que tú
mismo eres el que conviertes tu vida –que podría ser un baile
constante de armonía y belleza– en una anarquía de conflicto
y dualidad interna.

La moralidad surge de una manera espontánea, como las
flores nacen de un árbol. No hay que propiciarla. Si siembras
las semillas de la meditación, cosecharás moralidad. Cuando
alguien está en paz consigo mismo, es incapaz de alterar a los
demás. Cuando alguien tiene música en su interior, el eco de
esa música reverbera en los demás cuando están en su presencia. Cuando alguien tiene belleza en su interior, todo lo feo desaparece de su comportamiento. ¿No es esto ser moral?

Osho, tú dices que la moralidad es una herramienta
de la sociedad. ¿Es completamente innecesario para
el individuo?

La moralidad o el comportamiento moral es simplemente una herramienta para la sociedad, pero para el individuo no es una herramienta, sino su felicidad. Por eso, aunque la seudomoralidad sirva para satisfacer las necesidades de la sociedad, no es suficiente para el individuo. Comportarte bien con los demás puede ser bastante para la sociedad, pero no para ti, porque también te tienes que preguntar si eres bueno o no por dentro. A la sociedad le interesa tu personalidad, no tu ser interior. Para ti, sin embargo, la personalidad solo es la ropa. Tu ser empieza donde se acaba la ropa. Detrás de esa máscara de personalidad, y separada de ella, está tu verdadero ser. Y ahí es donde surge la verdadera moralidad.

Una sociedad creada por una falsa moralidad se llama civilización. Una sociedad que consta de personas que han alcanzado la verdadera vida se llama cultura. Esta es la diferencia entre civilización y cultura. La civilización está basada en la utilidad y la cultura, en la felicidad interna y la armonía.

En la actualidad hay civilización, pero no hay cultura. Pero aunando nuestras fuerzas podremos dar lugar a una cultura. La civilización nace de purificar nuestro comportamiento con los demás y la cultura nace de purificarnos a nosotros mismos. La civilización es el cuerpo y la cultura es el alma. Los que están anclados en su ser generan una cultura.

Osho, ¿la religión no es social? ¿Es algo completamente personal?

Sí, la religión es completamente personal. La sociedad no tiene alma, no tiene un centro consciente como tal. La sociedad simplemente es un cúmulo de interrelaciones. El que sí tiene un alma es el individuo, de modo que la religión también debe ser individual. La religión no es una de mis relaciones, sino mi ser. Descubrir nuestra naturaleza intrínseca, descubrir *nuestro verdadero ser*, es religión.

La religión, el *dharma*, es el autoconocimiento. La religión en sí no es social. Esto quiere decir que la *sadhana,* la búsqueda o el cometido de la religión, no tiene que ver con un grupo ni con una multitud, aunque nuestra propia experiencia religiosa sí pueda iluminar a un grupo o a la sociedad. La práctica de la religión es personal, pero su efecto recae en la sociedad. Cuando una persona está llena de luz interior, su comportamiento también lo refleja. El ser interior es individual, personal, pero su comportamiento es social.

El crecimiento espiritual nunca podrá ser colectivo, porque no podemos conocernos a nosotros mismos en compañía de los demás, sino estando solos, completamente solos. Plotino dijo: «Es un vuelo de la soledad a la soledad». Y es verdad. En efecto, es un vuelo solitario, sin acompañamiento. La dicha que surge de este vuelo, en cambio, se contagia a los demás y ellos también lo sienten. Lo que se consigue en soledad, en la soledad de tu propio ser, esparce su aroma por todas partes.

Osho, ¿qué es Dios?

Dios no es una persona, es una experiencia. Lo que yo denomino «Dios» es la visión, la experiencia que tenemos del universo, de la existencia tras la disolución del centro del ego: no hay una experiencia específica de Dios como persona, Dios es más bien una experiencia del amor omnipresente. No tiene un centro, pero es toda la existencia. Su centro es toda la existencia. No es correcto decir «la experiencia de Dios», pero puedes decir «la experiencia omnipresente del amor es Dios».

El amor es una relación entre dos personas. Cuando esta relación se da entre un individuo y la totalidad, yo lo denomino «Dios». Este estado de amor absoluto, la perfección del amor, es Dios. Esto me recuerda una frase de Jesús: «Dios es amor». Cuando desaparece el «yo», lo que queda es el amor. Cuando se derrumban las paredes que rodean al ego, lo que queda es el amor. Y ese amor también es «Dios». Por eso no podemos conocer a Dios, pero nos podemos convertir en Dios.

> Osho, tú has dicho que la vida que vivimos no es vida en
> absoluto, sino un largo y tedioso proceso de muerte.
> ¿Qué intentas transmitir con esto?

Es verdad que lo que llamamos vida no es vida, porque si realmente lo fuera, ¿cómo podría acabar con la muerte? Si la vida y la muerte son dos cosas contradictorias, ¿cómo puede ser la muerte el resultado final de la vida? La muerte es el final del nacimiento, no de la vida.

Y aunque la muerte llegue al final de la vida, en realidad, no creas que llega al final. Ya está presente desde que nacemos. Empieza el mismo día que naces. Después de nacer, vamos muriendo un poco cada día. Cuando se completa este proceso de morir, lo llamamos muerte. Lo que estaba presente en forma de semilla al nacer, aparece en su forma madura al final. Por eso, aunque después del nacimiento todo sea incierto, la muerte evidentemente no lo es. Está asegurada porque llega a la vez que el nacimiento. El nacimiento es otra forma de decir muerte, porque es la semilla de la muerte. Hay que entender esto muy bien. Empiezas a morir el día que naces. Por eso digo que la vida, tal y como la conocemos, no es más que un largo, lento y paulatino proceso de muerte.

Como solo estamos familiarizados con esta muerte gradual y no con la vida, nos pasamos toda la vida intentando librarnos de ella. Todos nuestros planes y actividades buscan algún tipo de seguridad o autodefensa. ¿Y qué estamos haciendo? ¿Acaso no estamos ocupados defendiéndonos de la muerte todo el tiempo? El hombre se vuelve religioso para esto mismo: para defenderse. Por eso, cuando alguien siente que se acerca la muerte, le empieza a interesar la religión. La religión de la gente mayor suele ser en su mayoría de este tipo. Para mí esto no es una verdadera religiosidad. Solo es una cara del miedo a la muerte. Es la última medida de seguridad. La verdadera religiosidad no surge del miedo a la muerte, sino de experimentar la vida. Deberíamos ser conscientes de que todo lo que sabemos ahora no es sobre la muerte, y que saber sobre la muerte nos conduce a la inmortalidad. El cuerpo muere, muere en cada momento, pero cuando somos conscientes de este cuerpo y despertamos a la realidad de que ese contenedor es mortal, empezamos a experimentar lo que no es el cuerpo. Conocer lo que no es el cuerpo es conocer la realidad de la vida. Eso es la vida. La vida no es un intervalo de tiempo entre el nacimiento y la vida, al contrario, el nacimiento y la muerte solo son episodios dentro de la vida. Cuando meditamos, cuando la mente está tranquila y vacía, podemos ver algo diferente que está separado del cuerpo. Cuando la mente está inquieta, no podemos verlo, del mismo modo que no se puede ver el fondo de un lago si la superficie está movida. Y, por eso, debido a la agitación constante de las olas de pensamiento que mueven la mente, no se puede ver lo que está escondido debajo de estos pensamientos, y creemos que la única verdad es lo que vemos en la superficie. Creemos que lo único que hay es el cuerpo, que él es nuestra morada. Nos hace pensar que el cuerpo es lo único que hay en la existencia y en la vida. Creemos que simplemente somos el cuerpo y nada más. Esta identificación con el cuerpo, la ilusión de ser uno con el cuerpo, no nos permite conocer la verdadera vida, y por eso consideramos que el proceso de muerte paulatina que tiene lugar en el contexto temporal es vida. Es el mismo error que cometerías si creyeses que la construcción y la destrucción de tu casa fuera tu nacimiento y tu muerte.

Esta oscuridad se retira con la llegada de la paz y la tranquilidad a la mente. La ilusión creada por la inquietud mental desaparece con la tranquilidad. Lo que ocultaban las olas se manifiesta cuando no hay olas. Y, entonces, por primera vez, conocemos al habitante de esta morada llamada cuerpo. En cuanto conocemos a este habitante, la muerte no es más que desechar la ropa vieja, y el nacimiento es estrenar ropa nueva. Conoceremos una vida que trasciende todos los ropajes. El único ser humano que está vivo para mí es el que conoce este tipo de vida, todos los demás están muertos. Los que creen que el cuerpo es su ser siguen estando muertos. Su verdadera vida aún no ha comenzado. Viven un sueño, están dormidos, aletargados en su sueño.

Si el ser humano no despierta de la inconsciencia –si no despierta de la inconsciencia respecto al cuerpo–, nunca podrá conocer su propio ser, su verdadero ser, su base, su vida. El mundo está lleno de muertos, muertos vivientes, y la mayoría de las personas mueren sin haber vivido. Solo se ocupan de protegerse frente a la muerte, y mientras se ocupan de esto, se olvidan de saber lo que hay en su interior, lo inmortal, lo que nunca muere.

Osho, al oír tus palabras me doy cuenta de que estoy muerto. ¿Qué debo hacer para descubrir la vida?

Querido amigo, no te servirá de nada simplemente ver a través de mis palabras. Olvídate de las palabras –de la mías y de las de los demás–, y después mira. Deberías verlo tú mismo. Ese ver debería convertirse en un camino que te condujera a la vida, y entonces no tendrías que preguntar: «¿Qué debo hacer para descubrir la vida?».

Cuando alguien descubre que está muerto, que su existencia y su personalidad siempre han estado muertas, al mismo tiempo empieza a darse cuenta de que hay algo que nunca muere. No obstante, para poderlo ver tendrá que desaparecer antes el desasosiego de tu mente. Solo es posible ver, el *darshan* solo es posible, cuando la mente está quieta, vacía, sin pensamientos. Ahora mismo solo hay pensamientos, no ves nada. Que mis palabras te hayan interesado también es un pensamiento más. El pensamiento no te va a ayudar.

El pensar no te puede desvelar la verdad porque todos los pensamientos son prestados. Todos los pensamientos pertenecen a los demás. Solo te sirven para ocultar la verdad un poco más. ¿Te has dado cuenta alguna vez de que esos pensamientos los has recibido prestados de los demás, que pertenecen a otras personas? Has estado acumulando dinero falso. No cuentes con él porque ni siquiera es dinero. Los castillos que construyes con este tipo de dinero son como los que construyes en tus sueños. Son menos reales que un castillo de naipes.

Yo no quiero imponerte ningún tipo de pensamiento, no quiero llenarte de ideas prestadas. No quiero que pienses, solo quiero que despiertes. Quiero que dejes de pensar y que veas. Y observa entonces lo que ocurre. Cambia de pensar a ver. Solo esto te podrá llevar a la verdad y al verdadero capital, a la verdadera riqueza que te pertenece. Mientras no lo hagas tú mismo, no sabrás cómo este proceso de ver y no de pensar es capaz de eliminar el velo del misterio.

Recuerda que los demás no te pueden dar una experiencia del mundo que tenga algún valor. Todo lo que te puedan dar los demás no tiene valor ni es una experiencia. Solo te pueden dar o quitar cosas materiales, pero de ninguna manera te darán o quitarán una experiencia. Nadie te lo puede dar, ni Mahavira, ni el Buda, ni Krishna, ni Jesucristo. Las personas que permanecen aferradas a sus pensamientos y los consideran la verdad, son las mismas que se tendrán que privar de conocer la verdad. Lo que nos libera realmente es nuestra propia experiencia de la verdad, no la de los demás.

No sirve de nada que te aprendas de memoria la Gita, el Corán o la Biblia. No te aportará conocimiento. Al contrario, ocultará tu propia capacidad de conocerte y nunca podrás estar frente a la verdad. Entre la verdad y tú siempre se interpondrán las palabras que has aprendido en las escrituras. Esto formará una niebla y un polvo que te impedirán ver lo que es en realidad. Es imprescindible eliminar todo lo que se interponga entre la verdad y tú.

Para ver la verdad no necesitas la ayuda de los pensamientos. Despójate de todo y entonces te abrirás, habrá una apertura por la que pueda entrar la verdad en tu interior y transformarte. Renuncia a pensar y empieza a ver. Abre la puerta para ver. Esto es lo único que te digo.

Osho, entonces, ¿no es necesario estudiar las Escrituras?

¿Con qué fin se estudian las Escrituras? No sirven para alcanzar el conocimiento, solo sirven para entrenar la memoria. Podrás aprender algunas cosas, pero ¿es lo mismo aprender que saber? Puedes aprender sobre Dios, sobre la verdad, sobre el alma. Tendrás una respuesta predeterminada para de todo esto. Pero no hay ninguna diferencia entre lo que repite el loro de tu casa todas las mañanas y eso. La verdad no se puede encontrar en las Escrituras. Está en el ser, en tu ser.

Las palabras que hay en las Escrituras solo tendrán sentido cuando hayas descubierto la verdad en tu interior. De lo contrario, son inútiles, son nocivas. Aprenderte las Escrituras no te ayudará a conocer la verdad, pero evidentemente, si conoces la verdad, conoces las Escrituras.

¿Qué es lo que veo yo? Yo veo gente intentando aprenderse las Escrituras antes de conocer la verdad, e incluso estar satisfechos de la información que han acumulado. ¡Qué satisfacción tan superficial y tan falsa! ¿No nos está sugiriendo que la gente realmente no quiere saber la verdad, sino que los demás piensen que la saben? La persona que realmente quiere saber la verdad no se conforma con simples palabras. ¿Alguna vez has oído decir que la palabra *agua* le haya quitado la sed a alguna persona? Y si se la ha quitado una simple palabra, ¿no nos está indicando que realmente no tenía sed?

Las Escrituras solo son útiles para dejarnos claro que no podemos descubrir la verdad por medio de ellas. La palabra habrá cumplido su misión cuando nos confirme que es inútil. Las Escrituras habrán cumplido su función si no nos satisfacen y nos provocan descontento, o si en vez de darnos conocimiento nos hacen tomar conciencia de nuestra ignorancia.

Yo también empleo palabras para hablar, y así es como nacieron las Escrituras. Pero si solo te agarras a las palabras, mi propósito habrá sido en vano. Da igual la cantidad de palabras que te aprendas de memoria, no te servirán para nada. También se convertirán en una cárcel para tu mente, y luego te pasarás la vida dando vueltas en esta prisión de palabras que tú mismo has construido. Estamos encerrados en prisiones construidas por nosotros mismos. Si quieres saber la verdad, tendrás que destruir esta prisión de palabras, tendrás que derruir los muros de la prisión y quemar la barricada de información hasta reducirla a cenizas. De estas cenizas nacerá el verdadero conocimiento, y en esta conciencia no aprisionada podrás ver la verdad. La verdad llega, pero primero tienes que hacerle un sitio en tu interior. Si echas a las palabras, la verdad podrá ocupar ese espacio vacío.

Osho, ¿el ser humano se puede conquistar a sí mismo
con la «represión» y «luchando consigo mismo»?

¿Qué quieres decir con las palabras «represión» y «luchando consigo mismo»? ¿No implican un individuo dividido, que está luchando consigo mismo? Esto significa que él mismo es el que ataca y el que defiende, ambas cosas a la vez. Es su amigo y su enemigo al mismo tiempo. Usará su energía en ambos bandos. Esto jamás le puede conducir a la victoria; y; lo único que hará es debilitarle y dejarle sin fuerzas. Imagínate lo que ocurriría si mis dos manos luchasen entre sí. Es lo mismo que pasa si lucho contra mí mismo. Es una lucha que no tiene sentido.

Amigo mío, no debes luchar contra ti, sino que debes conocerte a ti mismo. Las contradicciones y los conflictos que surgen en nuestro interior por no conocer nuestro ser desaparecen bajo la luz del autoconocimiento, como se evaporan las gotas de rocío en la hierba con el sol de la mañana. La victoria sobre uno mismo llega a través del conocimiento y no del conflicto, ya que no hay que derrotar a nadie. No hay un otro, solo hay ignorancia. ¿Cómo podemos derrotar a la ignorancia? En cuanto hay conocimiento ella misma se desvanece. La ignorancia, por su propia naturaleza, solo es una ausencia, una ausencia de conocimiento. El que lucha contra la ignorancia está luchando contra una sombra. Ha tomado el camino de la derrota desde un principio.

La idea de tener que luchar para conquistarnos es un reflejo de las luchas externas con los enemigos. Del mismo modo que ejercemos la violencia en el mundo exterior contra nuestros enemigos, también lo hacemos en el mundo interior. ¡Es una locura! La violencia nunca ha conseguido conquistar a nadie en el mundo exterior. Derrotar es algo muy distinto a conquistar.

En el mundo interior no podemos usar la violencia para derrotar a un supuesto enemigo, porque no hay nadie a quien derrotar. La autoconquista no es el resultado de una lucha, sino del conocimiento. Por eso digo: no luches, conoce. No a la guerra, sí a la sabiduría. Y el *sutra* debería ser este: destápate y te conocerás. No dejes que se quede nada sin conocer en tu interior. No dejes que se quede ni un solo rincón a oscuras o sin inspeccionar. Cuando te hayas familiarizado con todas y cada una de tus habitaciones interiores, te habrás autoconquistado.

Todos sabemos que en una casa oscura, en las esquinas y los sótanos donde nunca entra la luz ni el aire fresco, es donde se alojan las serpientes, los escorpiones y los murciélagos. ¿Acaso nos sorprende que la casa esté reducida a ese estado si el dueño nunca la habita ni la abre? Esto es lo mismo que nos ha pasado a nosotros. Nosotros también somos los dueños de esa casa y nos hemos olvidado de dónde están las puertas de entrada. Nuestros enemigos se han instalado en ella por nuestra permanente ausencia y la falta de luz.

Osho, dices que reprimir nuestras pasiones es perjudicial. ¿Con esto estás diciendo que lo adecuado es ser permisivos?

Yo no predico la represión ni la indulgencia. Yo os enseño a conocer las pasiones. Tanto la represión como la indulgencia son ignorancia, son perjudiciales. La represión solo es una reacción a la indulgencia, pero en su aspecto contrario. Es lo contrario de la indulgencia. No difiere demasiado. Es lo mismo, pero al revés.

Alguien me habló de un *sannyasin* que le daba la espalda al dinero. ¿Hay alguna diferencia entre darle la espalda al dinero o que se te haga la boca agua pensando en él? Lo mismo ocurre cuando huyes de la avaricia. La avaricia no va a desaparecer, simplemente toma otra forma. Y lo peor es que con esta nueva forma tiene más fuerza que nunca y se afianza porque ahora no la puedes ver. Permanece intacta, y a esto hay que sumar la ilusión de que no hay avaricia. Es como invitar a un enemigo a la vez que echas a otro.

Quiero que conozcas la lujuria y la ira. No debes enfrentarte a ellas ni obedecerlas ciegamente. Debes estar atento. Observarlas y familiarizarte con ellas en todas sus facetas y sus procesos mecánicos.

¿Te has dado cuenta de que la ira desaparece en cuanto la observas? Sin embargo, enseguida empiezas a ser indulgente con ella o a reprimirla. En cualquiera de los dos casos, estás dejando de observarla. Se sigue manteniendo inadvertida y desconocida. Aquí es donde nos equivocamos, y lo que fomenta este error es la indulgencia y la represión.

Aparte de estas dos alternativas, hay una tercera, y es la que os sugiero que hagáis. Es ver y observar tus tendencias, tus deseos, sin hacer nada con ellos, simplemente limítate a observarlos. Te darás cuenta de que se empiezan a disolver y a desaparecer cuando hay alguien observándolos. No soportan la observación. Solo pueden existir en un estado de inconsciencia. Con una observación consciente se quedan inertes y mueren. Lo que les da vida es nuestra inconsciencia, el no observar. Son como insectos que solo viven en la oscuridad y se mueren en cuanto hay luz.

8. Soy un destructor de sueños

No importa lo que sea a los ojos de los demás. Lo que importa es lo que soy ante mí mismo. Tenemos la costumbre de vernos a través de los ojos de los otros y nos olvidamos de que hay una forma directa e inmediata de vernos. Es la única verdadera forma de ver porque no es indirecta. Primero nos creamos una falsa imagen de nosotros mismos y nos ponemos una máscara para engañar a los demás, ¡y luego basamos la opinión que tenemos de nosotros mismos en cómo nos ven los otros!

Este autoengaño se repite a lo largo de toda nuestra vida. Tienes que conocerte antes en toda tu desnudez –tal y como eres, conociendo lo que eres– para que pueda haber religiosidad en tu vida, porque solo podrás dar algún paso en la verdadera dirección de la autorrealización después de conocerte.

El ser humano no puede entrar en el mundo de la verdad mientras siga teniendo un falso concepto de sí mismo y siga pensando que su verdadero ser es esa personalidad que representa un papel. Antes de conocer a Dios, la verdad o nuestro verdadero ser, tenemos que reducir a cenizas esa personalidad imaginaria con la que nos hemos cubierto. Esa falsa máscara no nos permite dejar a un lado las vidas artificiales que estamos interpretando y vivir nuestra verdadera vida. Los que quieran ir por el camino de la verdad, de la realidad, deberán despertar de este falso espectáculo que están viviendo.

¿No piensas algunas veces que estás actuando, que estás representando una obra de teatro? ¿No piensas a veces que por dentro eres de una manera y por fuera eres otra cosa completamente distinta? En algún momento consciente, cuando eres tú mismo, ¿no te molesta darte cuenta de este engaño? La única posibilidad de salirte de esta película, bajarte del escenario y volver a ese espacio donde no estás interpretando ningún papel, y ser tú mismo, es que te surjan preguntas e inquietudes respecto a esto.

Deberíamos preguntarnos lo siguiente: «¿Realmente soy lo que creo que soy?». Esta pregunta debería resonar en el fondo de tu ser. Debería surgir de tu interior con tanta fuerza y atención que no hubiera sitio para ninguna idea falsa.

Como resultado de esta pregunta, de está interrogación, de esta introspección, se produce un despertar y una conciencia tan singular que sentirás como si te hubieses despertado de un sueño. Entonces empezarás a ver que los castillos que has construido, los has hecho mientras soñabas, y que los barcos en los que navegabas eran barcos de papel. Te parecerá irreal toda tu vida, como si no fuese tuya, como si fuese de otra persona. Y, de hecho, no es tuya, es parte de una película que has estado interpretando, una película que te ha sido inculcada por la educación, la instrucción, la cultura, la tradición y la sociedad, pero cuyas raíces no están dentro de ti.

Si las flores que están en un jarrón se volvieran conscientes de algún modo, se darían cuenta de que no tienen raíces, esto mismo te pasará a ti cuando te vuelvas consciente. Realmente no somos seres humanos. Somos un engaño, sin raíces ni cimientos. Somos como los personajes de un cuento de hadas, de un sueño, que en la realidad no existen. Te veo perdido y dando vueltas dentro de ese sueño. Realizas todos tus actos dormido. Todas tus actividades las llevas a cabo mientras duermes. Pero puedes despertar de ese sueño. Esta es la diferencia entre estar dormido y estar muerto. En el primer caso puedes despertar; en el segundo, no. Por muy profundo que sea tu sueño, el despertar es una posibilidad intrínseca. El sueño guarda esta semilla en estado latente, tiene este potencial.

Cuando te encuentres contigo mismo cara a cara, muchas de las ideas falsas que tienes acerca de ti se caerán, como alguien que se considera equivocadamente muy guapo y se mira por primera vez en un espejo. Del mismo modo que hay un espejo para que puedas ver tu cuerpo, hay un espejo para que puedas ver tu ser. Yo estoy hablando concretamente de este espejo. Es el espejo de la autoobservación.

¿Realmente quieres saber tu verdad? ¿Realmente quieres conocer a la persona que eres? ¿No tienes miedo del hecho de verte en toda tu desnudez? Es un miedo bastante común. Debi-

do a este miedo seguimos inventando nuevos sueños sobre nosotros mismos y así ocultamos nuestra auténtica realidad. Pero
estos sueños no son un buen aliado, y nunca llegarás a ninguna parte con su ayuda. Solo sirven para perder tiempo y perder
la gran oportunidad que te podía haber llevado a casa. Te pre-
guntarás por qué insisto tanto en que veas tu desnudez, tu fealdad y el vacío que hay en tu interior. ¿No sería mejor no ver lo
que no te conviene? ¿No es preferible y mejor decorar las cosas feas con adornos y tapar lo que no valga la pena con cor-
tinas? Esto es lo que solemos hacer normalmente. Es lo ha-
bitual. Es lo que está de moda. Pero es perjudicial porque las
heridas que escondemos no se curan. Al contrario, se van in-
fectando cada vez más y se vuelven peligrosas. Y aunque ta-
pemos la fealdad, no la estamos destruyendo, sino que penetra
en la fuente interna de nuestra personalidad. Rociamos la superficie con un perfume artificial mientras que en el interior
hay un olor apestoso. Llega un momento que ese perfume ya
no sirve y la peste empieza a salir al exterior, las joyas ya no
sirven y la fealdad que hay por dentro sale a la luz. Yo no soy
partidario de rociar con perfume, sino de eliminar el mal olor.
Yo no estoy a favor de tapar la fealdad con joyas y flores, sino
de eliminar esa fealdad desde la raíz y despertar la belleza y la
música que hay en nuestro interior. En su ausencia, todo lo demás deja de tener sentido. Todos nuestros esfuerzos son inútiles. Todas nuestras tentativas son como intentar obtener aceite
exprimiendo arena. Yo te pido que saques a la luz lo que esté
tapado en tu interior. Destápalo y conócete a ti mismo. No hu-

yas de ti mismo. Además, no puedes huir. ¿A dónde vas a ir? Lo que eres te seguirá, vayas donde vayas. Puedes transformarlo, pero no puedes escaparte de ello. La autoobservación es el primer eslabón de esta cadena de transformación. ¡Y lo más sorprendente es que conocer la fealdad es liberarte de ella! Conocer tu propio miedo es liberarte de él, conocer el odio es liberarte de él. La fealdad y el odio están ahí porque no queremos verlos. Nos persiguen porque intentamos huir de ellos. En el momento que nos detengamos, también ellos lo harán, es como nuestra sombra, que corre cuando corremos y se para cuando nos paramos.

Si somos capaces de ver estas cosas, la situación cambiará automáticamente. Lo que creíamos que eran fantasmas y espíritus, solo eran nuestras sombras. Como estábamos corriendo, estos fantasmas y espíritus corrían detrás de nosotros, ¡y eso nos hacía correr más! En cuanto nos paramos, se quedan inertes, en cuanto los miramos, dejan de existir. Solo son sombras, y las sombras obviamente no pueden hacer nada. Una de ellas es la sombra de la fealdad, y la hemos cubierto con ropa y decorado con flores para taparla, y crear, de ese modo, una falsa ilusión. Cuando nos damos cuenta de que solo era una sombra con ropa, entonces, todo esto deja de ser necesario, nos libramos de esa sombra y somos conscientes de a quién pertenece. Esa conciencia da origen a una visión de lo bello, de lo bello por excelencia.

Yo tuve esa visión y entonces dejé de huir de las sombras, y eso me dio fuerzas para ver más allá de ellas. Y lo que vi –esa verdad– lo transformó todo. La verdad lo transforma todo. Su presencia misma es una revolución. Por eso digo que no tengas miedo. Mira lo que realmente hay y no te refugies en sueños ni imaginaciones. La persona que se atreva a renunciar a estos refugios se refugiará en la verdad.

Esta mañana alguien me preguntó qué significa conocerse directamente a uno mismo. Significa no aceptar las opiniones que tienen de ti los demás. Tú mismo tienes que ver lo que hay en tu interior, lo que se esconde en tus pensamientos, en tus pasiones, en tus acciones, en tus deseos y en tus anhelos. Mira todas esas cosas directamente, como mirarías cuando llegas a un sitio completamente nuevo. Mírate a ti mismo como si miraras a alguien que no conoces, a un extraño. Esto te ayudará mucho. Lo mejor de todo es que esa gran idea que te habías hecho de ti mismo en la mente se hará pedazos. Es necesario romper ese ídolo, porque, una vez que se destruye el ídolo imaginario, puedes pasar del terreno de los sueños al terreno de la realidad.

Antes de convertirnos en la verdad o el bien, tenemos que romper todas esas falsas ilusiones de la verdad y del bien que nos hemos inventado para esconder la mentira y el mal que hay en nuestro interior. Esas ilusiones solo sirven para engañarnos a nosotros mismos. Nadie se fabrica una falsa imagen y una falsa personalidad para nada. Lo hace por algún tipo de necesidad. Lo hace para no humillarse ante sus propios ojos. Cuando alguien ve ese animal que reside en su interior, su misma presencia le atormenta y le humilla.

Hay dos maneras de salvarse de esta humillación: o desaparece el animal o te olvidas de él. Para que desaparezca, tendrás que realizar una disciplina espiritual. Olvidar al animal, sin embargo, es muy fácil. Es muy sencillo. Para ello nos basta con la imaginación. Nos creamos una falsa imagen de nosotros mismos solo para nosotros, y eliminamos al animal con ayuda de esta imagen. Pero no desaparece. Sigue activo detrás de esta imagen. De hecho, esta imagen es solo una apariencia externa, detrás de ella está el animal. ¿No ves cómo pierde posiciones y sale derrotada esta imagen todos los días en la vida real, en las situaciones reales? Es natural que ocurra. El animal que hay detrás es la realidad y hace fracasar todos nuestros esfuerzos. Todos los días derrota a esta personalidad imaginaria.

No obstante y pese a esto, sigues manteniendo esas imágenes vivas y adornadas. Y siempre estás intentando buscar una forma de demostrar a los demás y a ti mismo que son auténticas: con actos caritativos, haciendo sacrificios y obras de caridad y llevando a cabo acciones bondadosas. ¿Todas estas acciones supuestamente morales no son acaso una justificación? Pero todo esto es en vano. La imagen que te has fabricado sigue estando muerta, inerte, y no hay ninguna posibilidad de insuflarle vida.

Yo quiero liberarte de ese peso muerto. Permite que se vaya ese falso aliado que está muerto, y conoce y entiende el verdadero. El camino no es a través del primero, sino del segundo, y has creado todas estas formas de autoengaño para no tener que hacer este camino.

Anoche pasé por un campo en el que había espantapájaros. Alguien había colocado varios palos y les había puesto camisas, y también había colocado ollas de barro a modo de cabezas. Por la noche, los pájaros y los demás animales los confunden con un vigilante, y se espantan. Yo miraba a los espantapájaros y también a la gente que estaba conmigo. Entonces dije: «Miremos en nuestro interior para comprobar que no somos un espantapájaros». Al oírlo, mis compañeros se echaron a reír, pero me di cuenta de que era una risa completamente falsa.

Nos hemos vuelto falsos en todo. Todo es falso: nuestra vida, nuestro comportamiento, nuestras risas, nuestras lágrimas... Estamos agotados de cargar con el peso de esta falsedad. Y no nos queremos deshacer de ella aunque pese porque tenemos miedo de lo que pueda haber detrás. Nos da miedo mirar ahí porque no vamos a encontrar al que siempre hemos creído que éramos, y lo que siempre hemos criticado en los demás está ahí con toda su intensidad. El miedo no nos permite destaparnos.

La valentía es la primera condición de una vida de búsqueda espiritual y meditación. Quien no se atreva a hacerlo no podrá entrar en su interior. Se necesita mucho más coraje para entrar en tu interior que para caminar por un camino salvaje, solitario y desconocido en una noche oscura, porque en cuanto una persona entra en su interior, se desvanecen todos los dulces sueños que tenía de sí mismo y que ha ido atesorando durante tanto tiempo, y se encuentra cara a cara con los pecados más feos y sórdidos, pecados de los que pensaba que se había librado. Cuando alguien se atreve a destaparse y a caminar por los oscuros caminos y valles de su interior, por sitios que han estado largo tiempo abandonados, descubre que se ha embarcado en una nueva vida. Con esta atrevida inmersión en la oscuridad se embarca en un viaje que, en última instancia, le conduce a alcanzar la luz. La ha estado buscando a lo largo de muchos años, pero siempre se le escapaba porque no se atrevía a meterse en la oscuridad.

La oscuridad ha envuelto la luz y la ha escondido, igual que una brasa se esconde entre un montón de cenizas. En cuanto penetramos en la oscuridad, podemos ver la luz. Por eso te digo que si quieres ver la luz no temas a la oscuridad. Si alguien teme a la oscuridad, nunca podrá encontrar la luz. El camino hacia la luz pasa a través de la oscuridad. Lo cierto es que lo que se transforma en la luz que hay dentro es atreverse a entrar en la oscuridad. Ese atrevimiento despierta lo que estaba dormido hasta ese momento.

Observo que deseas alcanzar el autoconocimiento pero tienes miedo de saber cómo eres en realidad. Te encantan las frases como «el alma es la verdad, la conciencia y la dicha» o «es la naturaleza búdica, eternamente pura» porque te permiten olvidarte de lo que realmente eres –una antítesis absoluta de la verdad, la conciencia y la dicha– y te ayudan a fomentar tu ego.

Este es el motivo por el que los pecadores se arremolinan junto a los supuestos santos y monjes. El discurso que oyen trata de la pureza del alma y de ser uno con *brahman*, y todo eso les gusta mucho, ya que les ayuda a disminuir el reproche hacia sí mismos, su autocompasión, y a ocultar su sentido de inferioridad, y se sienten otra vez orgullosos de sí mismos. Esto solo tiene una consecuencia: ¡cada vez les resultará más fácil cometer pecados porque creen que su alma es pura y el pecado no les afecta! Que creas que tu alma es eternamente pura y tiene naturaleza búdica no va a erradicar el pecado. Solo te estarás engañando profundamente a ti mismo. Este es el último truco de la mente humana. Solo por pensar que no hay oscuridad no encontrarás la luz.

Una ideología que te enseña a creer que no existe el pecado y que el alma no está implicada en el pecado es muy engañosa. Solo te sirve para olvidar tu condición de pecador. No te lleva a eliminar el pecado, sino a olvidarlo, que es peor aún que la propia existencia del pecado. Poder ver tus pecados y ser consciente de ellos es bueno, es beneficioso. No verlos o no ser consciente de ellos es perjudicial, porque verlos nos empuja a transformarnos, nos provoca, nos inspira. Ser conscientes del pecado nos lleva a cambiar, y ser completamente conscientes provoca una revolución instantánea, una transformación.

De modo que te pido que no te involucres en discursos como «la eternamente pura naturaleza búdica del alma» y cosas por el estilo. Esto no tiene nada que ver con una creencia. El buscador alcanza una comprensión profunda de la realidad al desprenderse de la personalidad dominada por el pecado y entonces, abriéndose paso entre muchas capas de oscuridad, adentrarse en su propio secreto, en su centro de luz más profundo. Es una experiencia directa. No es algo que podamos conceptualizar.

Un concepto imaginario de esto sería muy peligroso y podría convertirse en un obstáculo en el camino hacia la luz, porque si no crees que haya oscuridad, ¿qué sentido tiene eliminar algo que no existe? Y si el alma no está cometiendo ni un bien ni un mal, ¿para qué hay que trascenderlos? Estas declaraciones insustanciales de los supuestos metafísicos han mantenido a mucha gente en la inconsciencia. El veneno se ha propagado muy lejos, y, aunque nos creamos dioses, ¡es muy difícil que encontremos en la tierra a un pecador más grande que nosotros mismos!

No olvides que todo este discurso sobre la pureza del alma y sus implicaciones, realmente se dirige a mantenernos ajenos al pecado. Los que caigan en este discurso tendrán más dificultades después para librarse de esta trampa. Es muy fácil librarse del pecado, pero es mucho más difícil escapar de las garras de este peligroso tipo de metafísica.

El hecho de que el alma sea pura no es una teoría ni un principio, sino una experiencia directa. Es inútil intentar hablar de ello. Es como intentar convencer mentalmente a un enfermo de que su enfermedad no existe. Si el enfermo lo asume como un dogma, el resultado no será la curación, sino sencillamente la muerte.

Los que realmente saben no hablan de alcanzar un profundo conocimiento de la verdad. Hablan de la práctica espiritual, de la meditación que conduce al profundo conocimiento de la verdad. Lo que nos interesa a nosotros no es alcanzar ese profundo conocimiento, sino la práctica espiritual. La visión profunda es una consecuencia inevitable de una disciplina. Es inútil pensar en ella. Y si alguien cree que la clara comprensión es una creencia, le resultará imposible seguir una disciplina.

¡Qué cómodo y agradable es creer en experimentar la clara comprensión sin necesidad de disciplina ni práctica! De este modo empezamos a disfrutar de estar libres de pecado sin habernos liberado de él, y los mendigos disfrutan siendo emperadores bajo la espesa niebla del engaño. ¡Qué alegría deben sentir los mendigos cuando les dicen que son emperadores! No nos debe sorprender que alaben a los que se lo dicen y se postren a sus pies. ¡No hay una liberación de la pobreza espiritual y del pecado que sea más fácil y menos comprometida que esta! Esta metafísica insustancial, esta pseudopsicología, les proporciona una sensación de liberación fácil de alcanzar, mientras que la práctica espiritual o la meditación requiere un esfuerzo por su parte.

Espero que no caigas en la trampa de este tipo de metafísica o metafísicos. Espero que no hayas recurrido a este tipo de atajo. Lo más fácil y menos comprometido es creer que el alma es *brahman* y que, por lo tanto, tú no tienes que hacer nada. En otras palabras, que todo lo que estás haciendo en este momento está bien porque no hay que renunciar a nada.

Ten en cuenta también que se puede hacer mal uso de la verdad, y las verdades mas nobles se pueden utilizar para esconder las mentiras más mezquinas. Esto ha ocurrido en el pasado y sucede todos los días. El disfraz de la no violencia puede ocultar la cobardía, bajo la filosofía de un estado eternamente puro e iluminado del alma se puede esconder el pecado, y bajo el hábito del *sannyas* nos encontramos la apatía.

Quiero prevenirte contra todos estos engaños. La persona que no está pendiente de ellos no podrá hacer grandes progresos consigo misma. No huyas del pecado y de la oscuridad que te envuelven, ni te refugies en algún tipo de lenguaje filosófico. Conócelos. Familiarízate con ellos. Están ahí. No intentes olvidarte de su existencia. Aunque sean como un sueño, siguen estando ahí. Y no pienses que los sueños no existen. Hasta los sueños tienen existencia propia. Nos pueden abrumar, nos pueden afectar. Decir y creer «solo ha sido un sueño» no nos lleva a ninguna parte. La única posibilidad que tenemos es despertarnos. Pero si alguien se lo propone, puede soñar incluso que se ha despertado. Esto es el resultado de una metafísica vacía, una metafísica sin meditación. No te despierta, simplemente te proporciona un sueño de despertar. Es un sueño dentro de otro sueño. ¿Nunca has soñado que estabas despierto?

Creer o decir que el pecado o la oscuridad no existen no sirve para nada. Solo es una manifestación de tu deseo, pero no es la verdad. Te gustaría que el pecado no existiera, que no hubiera oscuridad, pero el deseo en sí no es suficiente. El deseo en sí es impotente. Y, poco a poco, estos metafísicos empiezan a creer en los sueños de conseguirlo, del mismo modo que un mendigo que desea convertirse en emperador acabará soñando que se ha convertido en emperador. De tanto desearlo, finalmente se imaginan que lo han logrado, aunque no sea cierto. De esta forma es más fácil asumir la derrota. Se consuelan consiguiendo en un sueño lo que no han podido conseguir en la realidad.

Espero que no hayas venido aquí a buscar ese tipo de consuelo, porque, si es así, te has equivocado de persona. No puedo proporcionarte sueños. No puedo darte algo que te sirva para engañarte a ti mismo. Soy un rompedor de sueños y quiero que te despiertes de tu sopor. Si eso te hace sufrir, te pido que me perdones.

Despertar es doloroso, sin duda, pero este dolor es la única penitencia. Esa penitencia, este dolor, surge cuando te das cuenta de los pecados que cometes en tu plano actual, cuando te das cuenta del lamentable estado en el que estás. No te agarres a una fantasía, debes ver las cosas como son. Esto te causará tristeza y dolor, porque destruirá todos los dulces sueños donde te veías como un emperador. El emperador desaparecerá y saldrá a relucir el mendigo, la belleza se esfumará y aparecerá la fealdad, el bien se evaporará y verás el mal, verás de frente al animal que hay dentro de ti en toda su desnudez.

Esto es algo necesario, muy necesario. Es esencial atravesar esta agonía. Es inevitable porque es como el esfuerzo de parir. Y solo después, después de haber visto a este animal cara a cara, podremos conocer claramente al que no es ese animal.

Cuando una persona ve a ese animal cara a cara, cambia y se diferencia del animal. Este despertar al animal que hay dentro rompe la identificación que tenemos con él. La observación separa al observador de lo observado, y deposita esa semilla en nuestro interior, que, cuando se desarrolle plenamente, florecerá y se convertirá en la autorrealización.

Salir huyendo del pecado, de la oscuridad y del animal no es una práctica religiosa, es huir de la práctica religiosa. Es como el avestruz que entierra la cabeza en la tierra y se siente seguro porque, si no puede verlo, el enemigo no existe. ¡Sería muy bonito que esto fuera cierto! Pero no lo es. Que no veamos al enemigo no significa que no exista. Al contrario, así es más peligroso. Si cierras los ojos, te conviertes en una presa más fácil. En presencia del enemigo, siempre debes tener los ojos bien abierto, porque te interesa conocerlo.

La ignorancia solo nos puede hacer daño. Por eso te pido que desenmascares tu cara oculta y la observes. Quítate toda la ropa y mira cómo eres. Aparta todas las doctrinas y las teorías y observa quién eres. Saca la cabeza de la tierra y mira.

El hecho de abrir los ojos –el hecho de mirar– es en sí mismo una transformación, es el principio de una nueva vida. La transformación empieza cuando abres los ojos; todo lo que hagas a partir de este momento te conducirá a la verdad. Cuando atraviesas esas capas de oscuridad, te acercas a la luz; cuando barres las telarañas del pecado, te acercas a lo divino; cuando destruyes la ignorancia, llegas a tu alma.

Este es el camino correcto de la autorrealización. Para ello no necesitas tener sueños, sueños del alma y de Dios, sueños de *brahman* como la verdad, la conciencia y la dicha. Eso solo son maneras de negar los hechos usando la lógica del avestruz. No es el camino de la acción correcta, sino una falsa satisfacción de la apatía.

Anoche me preguntó alguien: «¿Qué es el *satsang*?». Yo le contesté: «*Satsang* significa estar en compañía de tu propio ser. La verdad no hay que buscarla fuera. No te la dará ningún maestro ni ninguna escritura. La verdad está en tu interior, y, si quieres alcanzarla, busca tu propia compañía. Estate contigo mismo». Pero, al contrario, siempre estamos en compañía de cualquier persona menos de nosotros mismos.

Un día, Eckehart estaba sentado solo en un bosquecillo solitario. Un amigo pasó por allí y lo vio ahí sentado. Se acercó a él y le dijo: «Te he visto tan solo que he pensado que te gustaría tener un poco de compañía, por eso me he acercado». ¿Y sabes qué le contestó Eckehart? «Estaba conmigo mismo –dijo–, pero ahora que has llegado me siento solo.»

¿Alguna vez has estado así en tu propia compañía? Eso es *satsang*. Eso es devoción. Eso es meditación. Cuando estás solo contigo mismo y no estás pensando, no piensas en nadie, entonces estás en tu propia compañía. Cuando el mundo exterior está ausente, te encuentras contigo mismo. Cuando no estás rodeado de compañeros y estás solo, en esa soledad absoluta, comprendes la verdad, porque en tu ser más profundo tú eres esa verdad.

Es cuestión de *ser* religioso, no de parecerlo. Siempre que alguien me pregunta respecto a ser religioso, lo primero que hago, es decirles: «¿Pero tú quieres parecer religioso o quieres ser religioso?». Son dos dimensiones muy diferentes. Ser religioso implica una práctica para alcanzar la autorrealización, parecer religioso solo es un adorno. El hábito de los ermitaños y los monjes, sus túnicas convencionales y estereotipadas, y toda esa parafernalia, solo son para parecer religiosos. Si tú también quieres parecer religioso, es muy fácil.

Pero recuerda que parecer algo es para los demás, pero ser algo es para ti. Yo no soy lo que los demás ven de mí. Yo soy lo que sé que soy internamente. ¿Qué valor tiene estar aparentemente sano a tus ojos? El único valor es estar realmente sano.

Del mismo modo que hay ropa religiosa, también puedes vestirte con cualidades religiosas. La gente se las pone como si fueran adornos para decorar. Y el engaño es aún mayor. El comportamiento humano puede ser de dos tipos: como el de las flores naturales o como el de las flores de plástico. Las primeras surgen de la vida y del ser de la planta, y las otras no tienen vida en absoluto. No se convierten en flores, al contrario, hay que fabricarlas. Un comportamiento auténtico da flores, pero un comportamiento falso las tiene que fabricar fuera. El comportamiento del ser humano es muy simbólico. Representa su interior. Lo importante es cambiar el interior y no el comportamiento.

Cuando tienes fiebre y sube la temperatura del cuerpo, no intentas quitarte la fiebre bajando la temperatura. Lo que haces es intentar bajar la fiebre, y eso hace que baje la temperatura. La temperatura es un síntoma de la fiebre, no es la enfermedad en sí. Solo es una señal, no es un enemigo. ¿Qué nombre le pondrías a una persona que solo lucha contra la temperatura?

Esto es lo mismo que ocurre con la vida religiosa o moral. Confundimos las señales externas con el enemigo, tomamos a los síntomas por la enfermedad, y empezamos a luchar contra ellos. Esto no nos ayuda a eliminar la enfermedad, al contrario, seguramente acabaremos eliminando al paciente.

El ego, la mentira, la violencia, la lujuria, la ira, la avaricia y la pasión son señales, son síntomas. Son la temperatura, pero no la enfermedad. No tenemos que enfrentarnos directamente a ellos, porque gracias a ellos sabemos que hay un enemigo en el interior. El enemigo es la ignorancia del ser. Esta ignorancia del ser se puede expresar de varias maneras, como el ego, la mentira, la violencia, la lujuria, el miedo y la ira. Por eso, no acabaremos con la ignorancia del ser destruyéndolos, porque solo son sus manifestaciones, y el ser es la raíz.

De todas formas, estos síntomas no se pueden destruir directamente. A lo sumo puedes acabar poniendo flores artificiales de la verdad para tapar la mentira, o de no violencia para tapar la violencia, o de valentía para tapar el miedo. A lo mejor te has adornado con esas flores y has conseguido engañar a los demás, pero espero que no te engañes a ti mismo.

La cuestión no es cómo deshacerse de la mentira, la violencia o el miedo, sino cómo deshacerse de la ignorancia del ser. Ese es el único problema. Todo lo demás surge debido a esta ignorancia. Si no, no existiría. Todas estas cosas desaparecen automáticamente cuando no ignoramos al ser, y en su lugar surge la verdad, la ausencia de ego, la ausencia de deseo, la ausencia de ira, la no violencia, la no posesividad. Esto también son síntomas. Son los síntomas de la autorrealización.

9. Completamente ahogado

Yo no puedo darte la verdad. Si alguien te dice que es capaz de hacerlo, puedes estar seguro desde un principio de que lo que te está dando es falso. Nadie puede darte la verdad. No estamos hablando de la capacidad del que da, sino de que la verdad está viva. No es un objeto material que se pueda dar o tomar. Es una experiencia viva, y una experiencia que solo puede obtener personalmente cada persona.

Un objeto muerto se puede dar o tomar, pero una experiencia no. ¿Puedo transferirte el amor, la experiencia del amor que yo he tenido? ¿Puedo darte la experiencia de la belleza y de la música que yo he tenido? Cómo me gustaría poder darte la gracia que ha recibido un cuerpo tan corriente como el mío de una forma tan extraordinaria. Pero no hay forma de hacerlo. Yo estoy deseando dártela, pero no es posible. No sé cómo hacerlo.

Tengo un amigo que nació ciego. Me habría encantado traspasarle mi vista, pero no era posible. Quizá un día se pueda hacer porque los ojos forman parte del cuerpo y los podrán trasplantar. Pero, por mucho que quieras, la vista que ve la verdad nunca se podrá transferir. Pertenece a la esfera del alma, y no a la del cuerpo.

Todo lo que consigas en la esfera del alma será solo para ti. En la esfera del alma no hay préstamos, no puedes depender de los demás. Nadie puede recorrer ese camino con unas piernas prestadas. El único refugio que hay allí eres tú mismo. Para alcanzar la verdad tienes que ser tu propio refugio. Es una condición ineludible.

Por eso digo que yo soy incapaz de darte la verdad. Solo puedo transmitirte palabras, palabras inertes y sin vida, pero siempre faltan palabras para definir la verdad. Y comunicar palabras nada más, en realidad, no es comunicar. Lo que está vivo en ellas –el significado, la experiencia que les da vida– no las acompaña. Son como cartuchos vacíos. Son como cuerpos muertos, como cadáveres. Solo pueden representar una carga para ti y nunca te liberarán. Con las palabras, solo recibes el cadáver de la verdad, pero esa verdad no está latiendo. Como te he dicho, la verdad no se puede dar. En cambio, sí puedo ayudarte de algún modo a soltar esa carga que te han colocado y que ha ido aumentando de peso a través de los siglos. Hay que liberarse de la carga de las palabras. Del mismo modo que un viajero se va quedando cubierto de polvo cuando viaja, a lo largo del camino de la vida las personas van acumulando el polvo de las palabras y los pensamientos. Esto es normal, pero hay que sacudirse ese polvo.

Las palabras están muertas, no son la verdad. La verdad no está contenida en unas palabras. No vayas acumulándolas. Es perjudicial para ti. La peregrinación a la verdad no se puede hacer si vas cargando con un peso aplastante. Del mismo modo que un escalador tiene que dejar atrás su carga antes de subir a la cima de una montaña, cuando alguien se embarca en el viaje hacia la verdad, es mejor que suelte la carga de las palabras. Una conciencia libre de palabras puede alcanzar las elevadas cumbres de la verdad.

Yo solo enseño un tipo de no posesividad, la no posesión de palabras y pensamientos. Su peso muerto hace que el camino sea mucho más difícil. Chuang Tzu dijo: «La red es para pescar peces. Cuando hayas pescado el pez, por favor, deshazte de la red». Pero somos tan malos pescadores que cogemos las redes y nos olvidamos de los peces. Mírate, llevas el barco encima de la cabeza y te has olvidado de que lo querías para navegar.

Las palabras son indicaciones, son señalizaciones, pero en sí mismas no son la verdad. Descubre lo que te indican y descártalas. Reunir señales es como reunir cadáveres.

Las palabras son como dedos que apuntan a la luna. Si una persona dirige su atención al dedo, se olvidará de la luna. Los dedos cumplen su función cuando te alejan de ellos. Pero si, por el contrario, te atraen y te enredan, no solo dejan de ser útiles, sino que se vuelven realmente peligrosos.

¿O acaso no se han convertido las palabras que has aprendido sobre la verdad en una fuente de desgracias? ¿Acaso no os han dividido, no han separado a una persona de otra? ¿Y no se han cometido todo tipo de estupideces y crueldades en nombre de la religión por culpa de las palabras? ¿Y todas esas sectas que se conocen como religiones no se basan simplemente en las diferentes palabras?

La verdad solo es una y solo puede ser una, pero hay muchas palabras..., así como solo hay una luna, pero puede haber mil dedos o más apuntando a ella. Los que se han aferrado a alguna de las incontables palabras que apuntan a la verdad, son los culpables de que haya tantas sectas religiosas. No son una religión que haya surgido de la verdad, sino de las palabras. Solo hay una verdad. Solo hay una religión. Los que sean capaces de renunciar a las palabras alcanzarán esta religión y esta verdad no dualista.

De modo que no quiero añadir más palabras a la carga de palabras que ya tienes. Estás derrumbándote bajo el peso de las palabras. Me doy cuenta de que tu cabeza está doblada por el peso que estás soportando.

Los que conocen la verdad no abren la boca para nada. Tienen la boca sellada. De ella no sale ni una sola palabra sobre la verdad. ¿No habla esto por sí mismo? ¿No están diciendo que la verdad reside en el silencio, y que el silencio mismo es la verdad? Pero no logramos entenderlo. No entendemos nada que no se transmita mediante las palabras. Nuestra comprensión se limita a las palabras, y por eso nos hablan con palabras. Nos dicen con palabras lo que no se puede comunicar con palabras. Su compasión les conduce a intentar esta hazaña imposible, y nuestra ignorancia es la que se agarra a esas palabras. Las palabras unidas a la ignorancia forman una secta, las palabras sumadas a la ignorancia son una secta, y así es como nos vemos privados nuevamente de la verdad, y la religión se aleja cada vez más de nosotros.

Hay que estar por encima de las palabras. Solo así podrás experimentar lo que hay detrás de ellas. Las palabras solo te llenan la memoria, la sabiduría no proviene de las palabras. Y te pido que no confundas la memoria con la sabiduría. La memoria solo es un registro del pasado. Es aprender, pero no es saber.

Alguien le preguntó a Ramana Maharshi qué tenía que hacer para saber la verdad. Él contestó: «Olvídate de todo lo que sepas». ¡Si pudieras olvidarte de todo lo que sabes! De este olvido surgiría la inocencia y la simplicidad que necesitas para conocer la verdad y el ser.

Cuando tu conciencia no está repleta de palabras y pensamientos formados por palabras, la luz encuentra una forma de entrar. En ese momento de libertad estás en contacto con la sabiduría. Tienes que abrir todas las puertas y las ventanas de la conciencia. De hecho, tienes que derribar las murallas que rodean a la conciencia. Y entonces verás esa luz que es tu auténtica naturaleza. Inevitablemente, para descubrir el cielo tienes que ser como el cielo: vacío, libre, ilimitado. Los pensamientos impiden que esto ocurra y te rodean como si fueran nubes. Tienes que dispersar todas estas nubes. ¿Cómo piensas que yo vaya a soltar más nubes de pensamiento en tu mente?

Lo que te estoy diciendo, o lo que me gustaría decirte, pero soy incapaz de hacerlo, no es un pensamiento, una creencia o una idea como tal, sino una experiencia, una visión directa. Si fuese un pensamiento sería más fácil de comunicar, incluso si fuese una experiencia del mundo exterior, lo habría podido comunicar con una palabra u otra. Pero esta experiencia no pertenece al mundo exterior. Es experimentar al que lo experimenta todo. Es conocer al que conoce. Y ahí estriba la dificultad.

En el conocimiento, normalmente, el conocedor y lo conocido están separados, el que ve y lo que ve se diferencian, pero en la clara comprensión del ser no están separados. Aquí, el conocedor, lo conocido y el conocimiento son una sola cosa. Por eso las palabras no sirven. No han sido creadas para usarlas en este contexto. En esta área, usarlas es estirarlas más allá de su capacidad, más allá de su potencial. No es de extrañar que en este tira y afloja se queden mutiladas y sin vida. Y aunque nos pueden dar alguna indicación del cuerpo, de la forma externa de la verdad, no pueden tocar el alma de la verdad.

¿Cómo pueden expresar las palabras una verdad que solo se puede conocer sin palabras? No puedes atar con pensamientos algo que has alcanzado en un estado de ausencia de pensamientos. ¿Hay alguna forma de atar el cielo? ¿Si lo pudiéramos atar, se seguiría llamando cielo? ¿Por qué no consideramos así a la verdad? ¿Acaso la verdad es menos ilimitada e infinita que el cielo?

Si hiciéramos paquetes con el cielo y los vendiéramos en el mercado, nadie nos lo compraría. Sin embargo, eso mismo es lo que hacemos con la verdad. La verdad, Dios y la liberación se venden en el mercado. Y los vendedores no tienen la culpa. Solo están ofreciendo lo que les piden los compradores. Mientras siga habiendo compradores y siga habiendo clientes de la verdad, no podremos acabar con los negocios que venden la verdad enlatada. Todas las organizaciones y las sectas que operan en nombre de la religión se han convertido en negocios. En ellas puedes comprar la verdad ya enlatada. En el mercado no solo hay ropa ya confeccionada, también te venden la verdad enlatada. Yo no puedo darte una verdad enlatada. La verdad enlatada simplemente no existe.

Me acuerdo de una historia:

Una vez, un maestro le hizo una pregunta a su discípulo sobre la verdad. Este le respondió y el maestro dijo: «Sí, eso es correcto».

Al día siguiente, el maestro le volvió a hacer la misma pregunta. El discípulo le dijo: «Ya le di la respuesta ayer».

El maestro dijo: «Vuelve a responderme hoy».

El discípulo repitió lo que había dicho el día anterior y el maestro dijo: «¡No! ¡No!».

El discípulo, sorprendido, le preguntó al maestro: «Porque me dijo ayer que era correcto y hoy me dice que no lo es?». ¿Y sabes que le respondió el maestro? Le dijo: «Ayer era que sí, y hoy es que no».

¿Cuál es el sentido de esta historia? ¿Lo entiendes? El sentido es que la respuesta del discípulo se había convertido en un estereotipo, en un patrón fijo. Se había quedado relegada a un concepto. Por eso no estaba viva, estaba muerta. Se había vuelto parte de su memoria. Ya no era un conocimiento. Nuestra memoria está llena de respuestas como esta y, debido a eso, no puede surgir lo que está vivo.

Amigos míos, lo que tiene que despertar es la experiencia –la experimentación– y no la memoria. La memoria es un peso muerto, y la experimentación es una liberación que está viva. La experiencia de la verdad no puede ser una cosa predeterminada. No puede estar aprisionada por una terminología o una definición estricta establecida por alguna filosofía, religión o ideología. No podemos esperar que la verdad se amolde a una ideología, a una escuela de pensamiento o a unas reglas fijas. Todo intento de reducirla en un patrón será un esfuerzo inútil.

Lo que no tenemos que hacer es limitar o encerrar la verdad, sino todo lo contrario contrario, nosotros nos tenemos que desatar, nosotros nos tenemos que liberar. El camino hacia la verdad no consiste en restringirla a algo, sino en desatarnos nosotros mismos. No intentes aprisionarla, desátate tú. Es la única forma de alcanzarla. Solo es posible descubrir la verdad a través de la experiencia. No puedes conocerla de otra forma que no sea tu autorrealización o tu experiencia personal. La experiencia es el único factor decisivo, no hay ningún otro.

Un día estaba al lado de una cascada. Cuando bebí agua, la encontré dulce. Esto también se aplica a la verdad. Bébela y lo sabrás. Es un sabor que solo puedes conocer cuando lo pruebas.

La verdad no es un producto de tu conocimiento. No es una creación tuya. No puedes construirla. Nadie puede hacerlo porque ya está ahí. En cuanto abres los ojos, la ves, y en cuanto los cierras, dejas de verla. Es como la luz. No tienes que comprarla. Solo tienes que abrir los ojos, y la verdad se despliega ante ti con toda su originalidad, con toda su perfecta pureza, con la totalidad de su existencia..., y te transforma. Para que esto ocurra es necesario no dejarse corromper por los pensamientos prestados, ni aceptar las sobras de los demás. ¿No sabes que la vida no acepta cosas rancias ni muertas?

Ahora, ¿qué te puedo decir? No te voy a hablar de la verdad. Entonces, ¿de qué voy a hablar? Te hablaré de cómo se puede conocer la verdad. No hablaré de la luz, sino de cómo abrir los ojos para verla. No te diré lo que estoy viendo, sino cómo lo estoy viendo. Eso es lo único que se puede decir. Y es una suerte que al menos tengamos la oportunidad de decir esto.

La religión, la verdadera religión, no tiene nada que ver con la *doctrina* de la verdad, en todo caso tendría que ver con el *método* para conocer la verdad. Por lo tanto, no te diré nada sobre la verdad. No quiero que pienses que lo sabes antes de saberlo. Quiero llevarte a donde puedas descubrirlo tú mismo, a un punto donde puedas verlo, a un punto de ebullición donde se evapore tu ignorancia y te encuentres con la llama pura y sin humo de lo que eres tú.

Vamos a hablar ahora sobre este método.

Las personas que aspiran a recorrer este camino hacia la verdad descubren que se abren dos puertas: una de ellas es pensar sobre la verdad, y la otra es el empeño espiritual de encontrar la verdad. Un camino es el razonamiento, y el otro la meditación. Uno es el camino de la contemplación de la verdad, y el otro es la práctica que nos conduce a alcanzarla. En apariencia hay dos puertas. Pero según lo entiendo yo, solo hay una puerta. La otra puerta no existe, aunque aparente estar. Esa puerta es una ilusión.

Realmente, la puerta de pensar en la verdad no es una puerta. Es una puerta falsa e ilusoria, pero hay muchas personas que se pierden ahí. Nunca llegarás a ninguna parte a través de la puerta del pensamiento, pensando en la verdad. Seguirás en el punto de partida, pese a haber viajado mucho. Hay un principio, pero no hay un final. Y el principio de algo que no tiene un final solo puede ser mera ilusión.

¿Qué puedes conseguir pensando en la verdad? ¿Cómo puedes pensar en la verdad? No puedes pensar en algo que no conoces. ¿Cómo es posible que un pensamiento piense en lo desconocido? El pensamiento solo abarca el terreno de lo conocido. Puede aportarte preguntas, pero no soluciones. Si alguien solo se dedica a pensar, se perderá en un profundo caos, su mente puede acabar en una especie de locura. No es casualidad que muchos pensadores se vuelvan locos; tienen motivos para ello. Es la conclusión final del pensamiento, es su consecuencia final. El camino del pensamiento no sirve para alcanzar la verdad en absoluto.

Os voy a contar una historia, una historia maravillosa:

Había una vez un hombre que salió a buscar el fin del mundo. Después de un largo viaje, tras una peregrinación casi interminable, llegó a un templo donde estaban escritas estas palabras: «Este es el fin del mundo». Se quedó muy sorprendido y no podía creer lo que estaba viendo. Era increíble. Siguió avanzando, y al cabo de poco tiempo llegó a un sitio donde se acababa el mundo. Delante de él solo había un profundo abismo y el vacío. Miró hacia abajo. No había absolutamente nada. Se quedó sin aire y la cabeza le empezó a dar vueltas. Se giró y echó a correr. Y nunca se volvió para mirar atrás.

Esta es una buena historia del final del pensamiento. Si pensamos sobre la verdad, seguiremos pensando y pensando, hasta que lleguemos a un punto en el que es imposible pensar más. Ese es el final del pensamiento. Nos encontraremos con un abismo a nuestros pies, y la mente se resistirá a dar un paso más. Esto es lo que ocurre cuando llevamos hasta el extremo el proceso de pensamiento. Es inevitable. Si crees que queda algo más sobre lo que puedas pensar, es porque todavía no has llegado al final. Cuando no tengas nada más que pensar, absolutamente nada, y no puedas dar ni un solo paso al frente, sabrás que esto es el final y que has llegado al templo donde se acaba el mundo.

Si ese hombre que llegó al fin del mundo me hubiese preguntado qué hacer, yo no le habría aconsejado salir huyendo. ¿Te imaginas el consejo que le habría dado? Le habría dicho que, ya que se había aventurado a ir tan lejos, debía dar un paso más, el último paso y el más importante. Le habría pedido que saltara al vacío, que saltara, sin pensarlo, al abismo que se abría a sus pies. Le habría dicho que este último paso era necesario, y que tuviera en cuenta que el reino de Dios empieza donde se acaba el mundo.

El sitio donde se acaba el mundo también es el sitio donde empieza la esfera de lo divino, y no hay otro sitio más importante que este. La visión comienza donde acaba el pensamiento. Donde acaba el pensamiento, descubres la verdad. Tienes que saltar del pensamiento a la ausencia de pensamientos. Tienes que saltar de las palabras a la nada, al vacío. Ese es el método. Eso es ser valiente. Ese es el verdadero ascetismo. Esa es la verdadera búsqueda espiritual.

Si cuando llegas ahí tienes una visión de Brahma, Vishnu y Mahesh, ten por seguro que todavía estás pensando. Si ves a Mahavira, al Buda o a Krishna, date cuenta de que todavía estás soñando. No has llegado al verdadero final. El verdadero final es donde no hay nada que puedas pensar, nada que puedas ver, nada que puedas saber. Estás tú solo y el vacío. De hecho, ni siquiera estás tú. Solo queda el vacío, la nada.

Estás de pie en el fin del mundo. Tu mente quiere regresar. Y querrá hacerlo con todas sus fuerzas. En este momento es cuando necesitas tener coraje para dar un paso más. Solo tienes que dar otro paso más, un salto, y todo se transformará. Entonces ya no habrá más pensamientos, solo habrá visión, realización. Entonces habrás alcanzado el conocimiento. Cuando renuncias a todo lo que sabes, alcanzas la sabiduría, y cuando renuncias a la búsqueda, ves. Cuando dejas de ser en todos los aspectos, es cuando eres por primera vez. La práctica de la autorrealización consiste en dar un salto al valle de la muerte. Pero es la única manera de alcanzar la inmortalidad. No es un método que consista en pensar, sino en dar un salto y salirte del pensamiento. Salirte del pensamiento es meditar.

Siempre estoy hablando de lo mismo. Los pensamientos son las olas del océano de la conciencia. Son como burbujas pasajeras que desaparecen casi antes de formarse. Están indicando que la superficie está movida y agitada. Cuando estás en una de esas olas, no puede haber profundidad. Estar ahí es estar en aguas poco profundas. Todos los pensamientos son poco profundos. Un pensamiento no puede ser profundo, porque en la profundidad del mar no hay olas. Las olas solo se pueden formar en la superficie. Los pensamientos también son el juego de la conciencia en la superficie. El océano no está dentro de las olas, las olas están dentro del océano. Sin océano no habría olas, pero sin olas puede haber océano. Sin conciencia no habría pensamientos, pero puede haber conciencia sin pensamientos.

La conciencia es el origen, la base. Si quieres conocerla, tendrás que ir más allá de las olas, tendrás que atravesar las olas. No puedes quedarte sentado en la orilla. Kabir dijo: «Yo empecé la búsqueda, pero me quedé tontamente sentado en la orilla». Por favor, no te quedes así en la orilla. En la orilla no hay nada, debes ir a lo que pertenece la orilla. La orilla solo está ahí para que te puedas meter en el mar. También puede ser que alguien no se quede de pie en la orilla, pero se quede flotando sobre las olas. Eso también es la orilla para mí. Todo lo que nos impida sumergirnos y ahogarnos es la orilla. La gente que está nadando entre pensamientos hace lo mismo. Se creen que se han alejado de la orilla, pero en realidad no lo han hecho.

Cuando murió Mahavira, le dejó unas indicaciones a su adorado discípulo Gautama, que estaba ausente en ese momento. «Decidle a Gautama –dijo– que ha cruzado muy bien el río, pero ¿por qué se agarra a la orilla? Decidle que la suelte también.» ¿A qué orilla se refería Mahavira? Yo estoy hablando de esa misma orilla. Es la orilla del pensamiento, la orilla de nadar entre pensamientos.

La verdad se alcanza cuando te sumerges, no cuando nadas. En la superficie puedes nadar, pero para llegar a las profundidades infinitas tienes que sumergirte. Tienes que zambullirte desde la orilla de los pensamientos a las profundidades del vacío. El poeta Bihari tiene un pareado precioso: «Los que no se ahogaron, son los que realmente se ahogaron; los que se ahogaron del todo, son los que llegaron al otro lado».

¿Qué intenciones tienes? Si quieres cruzar, es imprescindible que tengas el coraje de ahogarte. Yo te enseño a ahogarte, a desaparecer para poder cruzar el océano, para ser lo que realmente eres.

10. Entrar en el intervalo

Osho, según tú, nadie puede impartir la verdad. Entonces,
¿lo que tú dices tampoco es verdad?

Lo que te estoy diciendo solo es una indicación y no se debería
considerar la verdad en sí. Lo que tienes que ver no es el indicador, sino a dónde apunta. Cuando mires ahí, lo que veas será
la verdad. Es imposible hablar de esa verdad. En cuanto intentas decir algo, se convierte en una falsedad. La verdad surge
de la experiencia, pero nunca de la expresión.

Osho, tú nos sugieres que nos ahoguemos del todo.
¿Cómo podemos hacerlo?

Por mi propia experiencia te digo que no hay nada mas fácil
y más sencillo que ahogarte, ahogarte en tu propio ser. Lo
único que tienes que hacer es no intentar agarrarte a nada en
la superficie de tu mente. Si te agarras a los pensamientos
no te podrás ahogar, y te mantendrás a flote gracias a su su-
jeción.

Tenemos la costumbre de agarrarnos a los pensamientos. En cuanto se va un pensamiento, nos agarramos al siguiente, pero nunca entramos en el intervalo que hay entre dos pensamientos sucesivos. Ese intervalo es la puerta que te permite sumergirte en las profundidades. No te vayas hacia los pensamientos y quédate en el espacio que hay entre ellos.

¿Cómo lo puedes hacer? Lo puedes hacer siendo consciente de los pensamientos. Debes observar tus pensamientos como una persona que está apostada a un lado de la carretera y observa a los transeúntes. Solo son transeúntes que van por la carretera de la mente en tu interior. Simplemente obsérvalos. No te decantes por ninguno de ellos de una forma u otra. No emitas juicios sobre ellos. Si puedes observarlos manteniéndote al margen y con indiferencia, el «puño» que los agarraba se abrirá automáticamente y no te encontrarás en los pensamientos, sino en el intervalo, en el espacio que hay entre ellos. Pero este intervalo no tiene cimientos, de modo que no puedes quedarte ahí de pie. Si lo haces, te hundirás. Y al hundirte descubrirás el verdadero soporte, porque a través de este paso es como alcanzas la realidad de lo que realmente eres. El que busca soporte en el mundo de los pensamientos realmente se queda flotando en el aire sin soporte, pero el que descarta todas las muletas encuentra el soporte en su propio ser.

Osho, quiero conquistar mi mente pero me parece imposible. En cambio, tú dices que es una cuestión muy sencilla. ¿Qué quieres decir?

En la idea misma de la conquista puedo ver la semilla de la imposibilidad de la conquista. Y ese es justamente el error que no le permite al ser humano esta conquista. Si quieres conquistar tu propia sombra, ¿lo conseguirás? En cuanto te das cuenta de que es una sombra, ganas. La sombra no es algo que haya que conquistar, solo hay que conocerla. Y con tu mente pasa lo mismo que con tu sombra. Lo que te estoy pidiendo es que conozcas tu mente, no que la conquistes.

En una ocasión, alguien le preguntó con reverencia a Bodhidharma: «Mi mente está muy inquieta. Por favor, ¿me podrías enseñar a calmarla?». En respuesta, Bodhidharma le hizo una pregunta: «¿Dónde está tu mente? Tráemela y la calmaré». El hombre dijo: «Ese es el problema. Siempre consigue esquivar todos mis intentos de atraparla».

Si yo hubiese estado en el lugar de Bodhidharma, le habría dicho: «No intentes atraparla, déjala que se vaya. Tu deseo de atraparla es lo que la inquieta. ¿Alguna vez has conseguido atrapar una sombra?».

¿Sabes lo que le dijo entonces Bodhidharma? Le dijo: «Fíjate, ya la he calmado, ¿o no?».

La mente desaparece cuando la observas, sin necesidad de atraparla ni conquistarla. Antiguamente, para entrenar un caballo, preguntaban si era mejor agotarlo o acortar las riendas. Y estas eran las dos formas de conquistar la mente para controlarla. Yo, en cambio, no te aconsejo ninguno de los dos métodos. Lo primero que hay que hacer es comprobar si hay un caballo. Estás queriendo agotar, ponerle el arnés y ensillar a un caballo que no existe. Es un esfuerzo falso porque no hay un caballo. El caballo es la sombra de tu inconsciencia. Cuando estés despierto, no habrá ningún caballo ni mente que conquistar o controlar.

Osho, nos dices que no nos agarremos a los pensamientos.
¿Esto también implica los buenos pensamientos?

Para conocer tu verdadero ser debes deshacerte del bien y del mal y quedarte vacío, sin contenido. Los pensamientos, buenos o malos, son cosas adquiridas. Vienen del exterior, son cosas que has incorporado. La verdadera naturaleza de tu ser se esconde debajo de esto, está tapada por esto. Los pensamientos son como una tapa. Son como cadenas que te mantienen atado. Es necesario romper esas cadenas. Es igual que sean de hierro o de oro.

Todo lo que venga de fuera es adquirido, es una acumulación. La no acumulación es ese estado de conciencia pura donde no hay impresiones externas. El alma solo se revela cuando desaparecen estos condicionamientos. Para ello es imprescindible tener una mente no condicionada. Pero estamos llenos de pensamientos, y las personas religiosas cargan además con pensamientos religiosos. ¡Esto es lo que se entiende por «ser religioso»! Ser religioso es estar lleno de escrituras. Es un auténtico error.

Un maestro le dijo una vez a uno de sus discípulos más avanzados: «Todo lo demás está bien, pero todavía tienes un defecto». El discípulo lo estuvo pensando muchos días, pero fue incapaz de encontrar defecto alguno en su conducta y su comportamiento, de modo que le preguntó al maestro a qué se refería. Y el maestro le contestó: «Dentro de ti hay demasiada religión. Estás lleno de ella. Ese es el único defecto que tienes, y no es poca cosa».

¿Cómo es posible que haya *demasiada* religión? Sí, es verdad, en la mente puede haber demasiadas escrituras, puede estar repleta de pensamientos religiosos. Y está tan cargada que eso le impide volar hacia el cielo de la verdad.

Por eso te pido que te vacíes. Deshazte completamente de todos tus pensamientos e ideas, y observa lo que te pasa en ese vacío. En ese vacío, en esa nada se produce el mayor milagro de la vida. La nada te enfrenta cara a cara contigo mismo. No hay mayor milagro que este porque en el momento que te encuentras frente a ti mismo, te encuentras con Dios.

> Osho, tengo la costumbre de adorar ídolos, pero de acuerdo con tus ideas, entiendo que no hace falta tener ídolos. ¿Tendría que dejar de adorarlos?

No te estoy pidiendo que renuncies a una postura o que adoptes otra. Solo te estoy diciendo que despiertes. Si al despertar te das cuenta de que se han acabado tus sueños, eso es otra historia. El comportamiento va cambiando según el grado de conciencia. Los niños dejan automáticamente de jugar con juguetes en el momento que crecen. No tienen que hacer un esfuerzo para renunciar a ellos, les ocurre de una forma natural.

Había una vez un místico que vivía a las afueras de un pueblo. Vivía solo en una cabaña sin puertas. No necesitaba puertas porque dentro de la cabaña no había nada. Un día llegaron unos soldados. Entraron en la cabaña y le pidieron agua. Uno de ellos le preguntó al místico cómo es que, siendo un hombre religioso, no tenía ninguna imagen de Dios. El místico respondió: «Es una cabaña tan pequeña... ¿Pueden caber dos personas?».

A los soldados les divirtió la respuesta del místico y al día siguiente le regalaron una imagen de Dios, pero el místico dijo: «No necesito una imagen, porque Dios mismo lleva viviendo aquí mucho tiempo. Yo he desaparecido. ¿No os dais cuenta de que no hay sitio para dos?». Los soldados vieron que apuntaba a su corazón con sus dedos. Esa era su cabaña.

Dios no tiene forma. La energía solo puede ser informe, no puede tener forma. La conciencia no puede tener forma. Es ilimitada. El todo, la totalidad, no puede tener límites. Es ilimitado e infinito porque «lo que es» no puede tener principio ni fin.

Qué inocentes somos queriendo hacer ídolos de algo que no tiene principio ni fin. Y luego adoramos a todos esos ídolos que nosotros mismos hemos creado. El hombre crea a Dios a su propia imagen, y de este modo se acaba alabando a sí mismo. Es el colmo del engaño, el egoísmo y la ignorancia.

No hay que adorar a lo divino, hay que vivirlo. Lo divino tiene que estar en tu vida, no en el templo. Tienes que hacer todos los esfuerzos posibles para que lo divino resida en tu corazón y se esparza en cada respiración. Pero es imprescindible que desaparezca el «yo» para que ocurra. Mientras siga habiendo un yo, lo divino no entrará dentro de ti. ¿No dijo Kabir en una de sus canciones que la senda del amor es muy estrecha y no caben dos personas una al lado de la otra?

Una noche estuve leyendo con la lámpara encendida hasta muy tarde. Cuando la apagué, me sorprendí. Fuera resplandecía la luna llena, pero la luz de mi pequeña lámpara había impedido que la luz de la luna alumbrara la habitación. En cuanto apagué la lámpara, el néctar de la luz de la luna llenó mi habitación. Desde ese día me di cuenta de que, siempre que siga existiendo la lámpara del «yo», la luz de Dios se quedará en la puerta.

La extinción del «yo», el nirvana del «yo», es al mismo tiempo la llegada de la luz de Dios, el advenimiento de Dios. Por eso te digo que, en vez de hacer ídolos de Dios, destruye el ídolo del «yo». Su desaparición es la aparición de Dios.

11. Una zona de silencio

¡Qué fácil es ver la verdad! Pero las cosas más fáciles siempre son las más difíciles de ver. Siempre nos olvidamos por el hecho de que está más cerca y es más fácil. Las cosas que están lejos nos mantienen ocupados, pero perdemos de vista lo que está cerca. Nos ocupamos de otras cosas y nos olvidamos de nosotros mismos.

¿No suele ocurrir en el teatro que el público está tan absorto en la función que se está representando que se olvidan de sí mismos? Esto es lo que ocurre también en la vida. La vida es un gran escenario, y estamos tan concentrados en lo que está ocurriendo en ese escenario que nos olvidamos del público, del que ve, del ser. Para alcanzar la verdad, para alcanzar tu ser, solo tienes que hacer una cosa: solo tienes que despertarte de esa película, de esa función, y nada más.

Me doy cuenta de que siempre estás envuelto por una especie de desasosiego que se manifiesta en tu comportamiento, tanto si estás sentado como si estás de pie, andando o durmiendo. Está en todas tus acciones, grandes o pequeñas. ¿No te das cuenta? ¿Te has percatado alguna vez de que todo lo que haces lo haces con nerviosismo?

Tienes que romper este círculo de intranquilidad y crear una zona de silencio. Solo puedes experimentar la dicha y la música que está omnipresente en tu interior cuando encuentres ese fondo de silencio, pero no has podido oírla ni experimentarla debido al tumulto que hay en tu interior. Amigos míos, el tumulto que hay en el exterior no debe preocuparnos. Si dentro de ti hay paz, el tumulto externo no existe. El único inconveniente es estar inquietos en nuestro interior.

Alguien me preguntó esta mañana: «¿Qué podemos hacer para tener paz interior?». «Mira las flores –dije–. Mira cómo se abren. Mira los arroyos de montaña. Mira cómo fluyen.» ¿Ves nerviosismo en alguna de esas cosas? ¡Con qué tranquilidad sucede todo! Lo que provoca todo ese desasosiego y esa tensión es creer que el «yo» está separado. Antes de actuar, antes de hacer nada, rechaza por completo ese «yo». Entonces descubrirás que se esparce a tu alrededor una paz divina.

Cuando sople el viento, haz como si fueras el viento, y cuando llueva, haz como si fueras la lluvia, y observa cómo esta paz va siendo gradualmente más profunda. Cuando estés en el cielo, sé el cielo, cuando estés en la oscuridad, sé la oscuridad, y cuando estés en la luz, sé la luz. No te mantengas al margen y deja que esa gota que eres se funda con el océano. Entonces sabrás lo que es la belleza, sabrás lo que es la música, sabrás lo que es la verdad.

Cuando estoy caminando, debo tener conciencia de estar caminando, y cuando estoy de pie, debo tener conciencia de estar de pie. Ningún acto del cuerpo o de la mente deberían ocurrir de una forma inconsciente, estando medio dormido. Si puedes estar despierto en este aspecto y vivir tu vida conscientemente, tu mente se volverá pura, limpia y transparente. Con una vida y un comportamiento atento, la meditación se extiende a todas las actividades de tu vida. Un río interno de meditación nos acompaña de noche y de día. Nos tranquiliza. Purifica nuestras acciones y las vuelve virtuosas. Recuerda que la persona que está despierta y atenta a sus acciones, físicas o mentales, no puede comportarse mal con los demás. Para que se produzca una mala acción, invariablemente tiene que haber inconsciencia. Por eso, cuando hay conciencia, las malas acciones desaparecen de inmediato.

Yo sostengo que el *samadhi*, la iluminación, es «la gran muerte», y, en efecto, eso es lo que es. En la muerte ordinaria mueres, pero vuelves a nacer porque tu «yo» no deja de existir. Ese «yo» nace de nuevo y vuelve a experimentar la muerte. La muerte ordinaria no es una verdadera muerte, porque a esa muerte siempre le sigue un renacimiento y otra muerte. Este movimiento circular continúa hasta que llega el *samadhi* o la gran muerte, que nos libera del ciclo de nacimientos y muertes.

Un *samadhi* es la gran muerte, porque en un *samadhi* deja de existir el «yo», y con él desaparecen también los ciclos de nacimiento y muerte. Lo que queda entonces es la vida. Alcanzamos la vida eterna, en la que ya no hay nacimientos y muertes a través de la gran muerte del *samadhi*. La inmortalidad no tiene un principio ni un final. Es esa gran muerte que denominamos *moksha*, nirvana, *brahman*.

Mi sugerencia es que te tomes la meditación como un descanso, y no como un trabajo o una actividad. La «no acción» significa exactamente esto. Es un descanso absoluto, detener por completo toda la acción. Y cuando cesa toda la acción y las pulsaciones de la mente se detienen, en ese estado de relajación empieza a surgir algo que no te podrán enseñar todas las religiones del mundo juntas. El hacedor, que no es una acción, sino el centro y la vida de todas las acciones, solo se puede ver cuando no hay acciones.

Sarahapada dijo: «Oh, conciencia, vete a descansar a esa parte de la mente donde ni siquiera entra el aire, donde no llegan ni el sol ni la luna». Ese lugar está en tu interior, y solo tú tienes acceso a él. Es tu *atman*, tu alma. Tu cuerpo existe hasta donde los demás tienen acceso. Tu cuerpo es el límite por donde entra el mundo. El mundo puede entrar dentro de tu cuerpo porque este forma parte del mundo, las puertas a través de las cuales entra el mundo son los sentidos. La mente es una acumulación de ideas y condicionamientos que han entrado de ese modo.

Lo que está más allá del cuerpo, de la mente y de los sentidos es el alma. Si no llegas al alma, la vida no tiene sentido, porque si no la conoces y no te la has ganado, no podrás ganar ni alcanzar nada.

Yo no veo que el *samsara* o «el mundo», y el nirvana o «la divinidad», sean cosas distintas. Lo que las diferencia no es su entidad, sino tu forma de mirar. El *samsara* y el nirvana no son entidades distintas. *Samsara* y nirvana son dos formas de mirar lo que existe. Es la misma entidad, pero hay dos formas distintas de verla. Si lo vemos con la mirada del conocimiento, es una cosa, y si lo vemos con la mirada de la ignorancia, es otra. Lo que la ignorancia considera *samsara*, para el conocimiento se convierte en nirvana. Lo que para la ignorancia es el mundo, para el conocimiento es la divinidad. De modo que la pregunta no es sobre lo exterior, sino sobre la transformación interna. Si tú cambias, todo cambia. Tú mismo eres el *samsara* y el nirvana.

La verdad no se puede comprar a ningún precio. Y tampoco se puede obtener de los demás. Es el fruto de tu evolución personal.

El emperador Bimbisara fue una vez a ver a Mahavira y le dijo: «Quiero alcanzar la verdad. Estoy dispuesto a darte todo lo que poseo, pero necesito saber la verdad que libera al ser humano del sufrimiento».

Mahavira se dio cuenta de que el gobernante quería conquistar la verdad de la misma manera que había conquistado el mundo, y creía que podía comprar la verdad. Al ver que su ego también había tomado esta forma, Mahavira le dijo a Bimbisara: «Excelencia, primero ve a ver a Punya Shravak, un ciudadano de tu imperio, para que te dé el fruto de una de sus meditaciones. Eso despejará el camino para que puedas alcanzar la verdad y la liberación suprema».

Bimbisara fue a ver a Punya Shravak y le dijo: «Gran meditador, he venido a pedirte algo. Quiero comprar el fruto de una de tus meditaciones. Te pagaré lo que me pidas». Al oír la petición del emperador, Punya Shravak contestó: «Oh, gran rey, la meditación significa equilibrio. Significa que la mente esté libre de atracción y de repulsa, y que permanecemos firmes en nuestro ser. ¿De qué manera puede una persona hacerle entrega de esto a otra? Tú lo quieres comprar, pero eso es imposible. Tendrás que obtenerlo tú solo, no hay otra forma».

La verdad no se puede comprar. No se puede recibir como un regalo, ni por un acto de caridad. Ni se puede conseguir con un ataque. El ataque no es una forma de obtenerla. El ataque es una actitud del ego, y la verdad no puede estar donde haya ego. Para encontrar la verdad, tienes que convertirte en la nada. La verdad llega por la puerta de la nada, del vacío. No llega a través del ataque del ego, sino a través de la sensibilidad y la receptividad de la nada. No puedes atacar a la verdad, sino preparar una apertura en tu interior para que pueda entrar.

Hui-neng dijo: «La forma de alcanzar la verdad es cultivar mediante el no cultivar». No cultivar se establece como una condición para evitar el uso de cualquier tipo de fuerza, incluso para cultivar. Es la inacción, en vez de cultivar algo es no cultivar, no es alcanzar algo, sino deshacerte de algo. Lo alcanzas en la medida que te vacías.

¿A dónde va a parar el agua de la lluvia? No se queda en los montes que están llenos de agua, sino que va a llenar las zanjas vacías. La naturaleza de la verdad es similar a la del agua. Si quieres alcanzar la verdad, tendrás que vaciarte por completo. En cuanto estés vacío, la verdad llenará ese espacio vacío.

12. La disciplina de atestiguar

Alma consciente:

Estoy muy contento de veros a todos aquí. Puedo sentir la profundidad de vuestro anhelo, vuestra sed de la verdad. Lo veo en vuestros ojos y lo siento en todas vuestras respiraciones. Y, a medida que vuestros corazones están más motivados por la búsqueda de la verdad, mi corazón también se motiva, y vuestra sed de la verdad también me contagia. ¡Qué placentero! ¡Qué bonito y qué emocionante es todo esto! En el mundo no hay nada tan dulce, tan bonito y tan amado como el anhelo de la verdad.

¿Qué puedo decirte en este momento de dicha tan singular? ¿Qué puedo decirte para tu sed y tu espera en este momento? Solo en momentos como este nos damos cuenta de lo insignificantes, materiales y poco transparentes que son realmente las palabras. Solo en momentos como este nos damos cuenta de lo vacías, incapaces e impotentes que son las palabras. Cuando no tenemos realmente nada que decir, las palabras lo pueden transmitir, pero las palabras se quedan muy cortas cuando hay algo que vale la pena decir, algo profundo. Esto es normal porque la comprensión de la verdad, la experiencia de la dicha y la visión de la belleza es algo tan sutil y tan etéreo que no le podemos atribuir ninguna forma terrenal. En el momento que intentas atribuirle una forma terrenal, estas experiencias se mueren y dejan de tener sentido, y entonces la experiencia viva ya no nos llega con vida, sino que es un cadáver. El alma se ha quedado atrás y las palabras se refieren a algo que ya no es verdad.

Entonces, ¿qué puedo decir? ¿Habría sido mejor no decir nada, y que vosotros no hubieseis oído nada? Qué bonito habría sido quedarse en silencio y callados, sin palabras, y que hubieseis podido despertar a este silencio y a este vacío, estando atentos y viendo lo que realmente es. En ese caso, me habría librado de tener que hablar, y vosotros os habríais librado de tener que escuchar, y lo que pretendía decir habría sido dicho sin decirlo. La verdad se habría transmitido porque está dentro de cada uno de nosotros. La música que estás buscando resuena en el fondo de tu propio ser en cada momento. Los momentos de tu sed de verdad, aunque sean en silencio, se transforman en un estado de devoción. La sed de Dios y la espera callada es una oración. Lo que el ser humano busca está en su interior. Lo que has venido a preguntarme y a saber es algo que siempre ha estado en tu interior. No lo has perdido ni puedes perderlo, porque es tu existencia misma, es tu propio ser. Es el tesoro que nunca podrás perder porque es lo que tú eres. Pero todos estamos buscando y rebuscando lo que nunca se puede perder. ¡Qué curioso! ¡Qué chiste!

Esto me recuerda un sermón magnífico. No recuerdo ni quién lo dio ni cuándo lo hizo:

Una noche hubo una gran reunión en un templo y se juntaron un gran número de monjes. Al cabo de una larga espera, llegó el orador. Cuando se levantó para hablar, alguien del público le hizo una pregunta: «¿Qué es la verdad?». Un silencio atento y expectante llenó la sala. El orador sabía que todas las palabras que dijera tendrían gran repercusión.

Pero ¿sabéis qué dijo? En un tono muy alto, dijo: «¡Oh, monjes!». Tras estas palabras resonó en la sala un silencio sin precedentes, y todos los ojos estaban pendientes de él. Todos estaban en silencio, observando. Pero el orador no dijo nada más. Su discurso había terminado.

Yo también quiero decir lo mismo. Solo diré eso. Es lo único que merece la pena ser dicho. Solo merece la pena decir lo que las palabras no pueden transmitir.

Entonces, ¿qué es lo que dijo? Lo que dijo fue: «No busques la verdad en otro sitio ni le preguntes a nadie por ella. Si es que existe, está dentro de ti. De lo contrario, es que no existe». Aunque le preguntaran por la verdad, no dijo absolutamente nada de ella. Simplemente hizo un llamamiento a toda la asamblea. Les llamó como cuando quieres despertar a alguien de un sueño. Esta es la única respuesta que hay a la pregunta de la verdad. Despertar de un sueño es alcanzar la verdad. No hay otra forma.

Estás dormido, por eso no puedes ver lo que ya tienes, lo que ya eres. Y en tus sueños vas vagando por todas partes buscándolo, buscando algo que ya está en tu interior, dentro del que busca. Eres como un ciervo almizclero que va dando vueltas buscando almizcle.

Por mucho que busques fuera lo que está en tu interior, no lo encontrarás porque no es algo que puedas obtener buscándolo. Las cosas exteriores se pueden obtener buscándolas, pero no podrás alcanzar tu propio ser con este tipo de búsqueda. La verdad no se encuentra buscándola, sino despertándote. Por eso el orador hizo un llamamiento a toda la asamblea y no dijo nada más. Mahavira, Buda, Krishna y Jesucristo te han estado llamando. No es hablar, es invocar. No es una enseñanza, es una llamada, un llamamiento.

Yo tampoco pretendo hablar, quiero que sea una llamada. ¿Me escucharás? ¿Me dejarás que interrumpa tu sueño y haga añicos tus sueños? Es posible que tus sueños sean dulces, pero los sueños dulces son los peores, porque no te dejan despertar y hacen que la embriaguez del sueño sea aún mayor. Quiero que participes de la dicha que estoy experimentando como consecuencia de mi despertar. Por eso he decidido hacer este llamamiento. No te voy a hablar, va a ser una llamada. Perdona si te despierto de tu sueño con mi llamamiento y disperso la niebla de tus sueños. No puedo evitarlo. Si no hago añicos tus sueños, no podré decir nada sobre la verdad. Estamos sumidos en un sueño, y mientras siga persistiendo ese sueño, todas nuestras acciones serán inútiles. Mientras siga durando este sueño, todo lo que hagas o sepas no será nada más que un sueño.

Lo primero que hay que hacer es despertar de este sueño. Todo lo demás sucede a continuación. No hay nada que lo preceda. Ni siquiera tienes que darle valor a los pensamientos que has aprendido o al comportamiento que te han enseñado durante este sueño. Míralos como si fueran sucesos de un sueño. Mientras sigas sin conocerte a ti mismo, es imposible que te pase algo bueno. Tus conocimientos, tu conducta y todo lo demás solo puede ser falso. Tu fe, tu confianza y tus convicciones son ciegas. Cualquier camino que sigas no te conducirá a la verdad. De hecho, realmente ni siquiera estás caminando en el presente. ¿Quién recorre un camino estando dormido? Solo has soñado que estabas caminando.

La ignorancia del ser es el sueño del que te estoy hablando. Es preciso despertar de ese sueño. Para poder hacerlo también tienes que saber cuáles son los factores que te lo impiden. Para conocer la religión hay que saber primero lo que no es religión, y también hay que entender a qué te estás agarrando creyendo que es religión. La religión es más parecida a una somnífero que a un medio para despertar.

Karl Marx dijo que la religión era «el opio del pueblo». Obviamente, la religión no es una droga, pero lo que normalmente se toma por religión sí lo es. Marx se equivocó al calificar a la religión de opio, y tú te equivocas al calificar al opio de religión. Es esencial que entiendas qué es la religión y qué es el opio.

Primero vamos a considerar lo que no es religión, y luego experimentarás lo que es la religión. La contemplación es suficiente para que se evapore la irreligión. Pero para la religión no basta con la contemplación, la religión llega mediante la búsqueda espiritual.

Déjame decirte una cosa. Si realmente quieres que haya un progreso en tu vida religiosa, deberás empezar por no cargar con ninguna creencia. Si quieres saber la verdad, no deberías tener nociones preconcebidas de ella. Tienes que aproximarte a la verdad completamente en paz y vacío, sin ningún precon-cepto. Las nociones preconcebidas y los prejuicios oscurecen y distorsionan tu visión. De ese modo, lo que sabes no es la verdad, sino una proyección de tu propio pensamiento. De ese modo, no se revela la verdad, sino que, al contrario, te impo-nes a la verdad.

Cuando entre la verdad y tú no se interponga ninguna vi-sión o teoría particular, lo que sepas será la verdad. De lo con-trario, no podrás salirte de los límites que te impone la mente y seguirás conociendo las cosas como quieres que sean. Esto no es sabiduría, sino imaginación.

El poder de la imaginación del ser humano es ilimitado, y la barrera que hay entre él y la verdad es justamente la imagi-nación. Si tienes ideas preconcebidas de Dios, la verdad y el alma, tu mente se formará una imagen de ellos y creerás que has aprendido algo. Pero, de hecho, no has aprendido nada y solo has estado vagando por el mundo de la imaginación. Esto no es la verdad, sino soñar.

Sabes perfectamente que tu mente tiene una capacidad inagotable de soñar. Nuestros deseos nos hacen ver cosas que no existen. Crean espejismos, lo que realmente existe está escondido, pero lo que no existe se vuelve visible.

Tú, en cambio, dirás que solo se sueña cuando duermes. Es verdad que los sueños solo ocurren cuando duermes, pero el sueño se puede provocar, y, en cierto sentido, puedes estar dormido, aunque estés despierto. ¿Tú no sueñas despierto?

Si estás imaginando una idea particular de Dios o de la verdad, y te llenas con el recuerdo de esas fantasías cuando estás dormido o despierto, sin duda habrá una proyección que se hará incluso visible. Esto no es más que una ensoñación que se ha intensificado. Delante de tus ojos en realidad no hay nada, pero se vuelve visible lo que has estado alimentando durante largo tiempo detrás de tus ojos. Solo es una proyección, pero así es como vemos los sueños y como es posible creer que has comprendido la verdad basándote en ideas preconcebidas.

Un devoto de Jesucristo ve a Jesucristo, un seguidor de Krishna ve a Krishna, y el discípulo de otra persona ve a esa persona. Pero esto no es en absoluto una visión o la realización de Dios o de la verdad. Solo es una proyección de nuestra propia imaginación, porque no puede haber dos verdades ni dos dioses. La verdad es solo una y la comprensión es solo una, y el que quiera saber la verdad deberá deshacerse de sus innumerables conceptos e ideas.

No te estoy pidiendo que renuncies a tus conceptos a cambio de otro concepto distinto, sino que renuncies a todos los conceptos como tales. Estos conceptos son el hilo conductor de todas las sectas que existen en nombre de la religión, y por eso hay tantas sectas, y, sin embargo, no hay religión.

Para encontrar la verdad es necesario renunciar a todas las teorías sobre ella, porque para conocer necesitas estar en un estado de imparcialidad, objetivo y, por lo tanto, inocente. Si no hay ideas preconcebidas, imaginaciones ni expectativas previas, no se crearán sueños y podrás conocer la verdad. De ahí que la disciplina de la comprensión de la verdad no sea tal y, en realidad, sea más bien la disciplina de deshacerse de los sueños.

No tenemos que conocer la verdad, solo tenemos que liberarnos de las alucinaciones. Esa liberación es la comprensión de la verdad. Estamos perdidos en nuestros sueños, de modo que lo que es prácticamente es una ausencia, aunque su presencia sea constante.

La verdad simplemente es, porque ¿qué puede ser la verdad aparte de lo que es? No hay que traerla de otro sitio. Está omnipresente. Pero nosotros, sin darnos cuenta, siempre estamos perdidos en nuestros sueños. No, no hace falta traer la verdad hacia donde estamos nosotros, lo que hace falta es estar donde está la verdad. Para ello no debemos tener más sueños de Dios, sino que debemos acabar con todos esos sueños, debemos despertar.

Por eso he dicho que la verdad no necesita que haya imaginación, sino debemos comprender que, cuando la mente está libre de toda imaginación, es cuando está en el estado de la verdad. El mundo es la realización de una mente que elige, y la verdad es la realización de una mente que no elige. Todos los conceptos y las creencias son elecciones, y, por lo tanto, no son una puerta hacia la verdad. Son obstáculos que no conducen a ninguna parte. Al contrario, te bloquean el camino. El camino hacia la verdad no lo encontrarás a través de los conceptos, sino más allá de ellos.

De modo que no crees ideas, conceptos, esbozos ni dogmas sobre la verdad. Las creencias que tengas se convertirán en una experiencia, pero no será una experiencia real, sino mental. No es una experiencia espiritual. Todas las creencias para descubrir la verdad que te han inculcado en tu ignorancia son mentira. No pienses en la verdad ni en cómo es. Eso es pensar a ciegas. Es como un ciego intentando imaginarse la luz. ¿Cómo va a imaginarse la luz ese pobre hombre? Es imposible pensar en la luz si no tienes la capacidad de ver. Todo lo que piense estará mal desde un principio. Es incapaz de imaginarse la oscuridad con precisión, y mucho menos la luz. Para ver la oscuridad, también hay que poder ver.

Entonces, ¿qué puede hacer una persona que no ve? Yo le diría: «No te pongas a pensar en la luz y trátate la vista». Curarse es lo que le ayudará y le servirá para algo, y no pensar. Pero ¿qué es lo que ocurre? Yo veo que le dan sermones y le explican la filosofía de la luz, sin embargo, nadie le receta que se cure la vista.

Y lo más sorprendente es que los que le dan sermones sobre este asunto de la luz ¡nunca han visto la luz! Ellos también han oído hablar de su existencia, pero no la conocen. Lo digo

porque, si la conocieran, se habrían dado cuenta de la inutili-
dad de sermonear y habrían enfocado toda su preocupación y
su compasión en un tratamiento para la ceguera. Si te curas la
vista, automáticamente podrás ver la luz. La luz es omnipresente, pero hay que tener la capacidad de ver. Si la vista no
funciona, la presencia de la luz se convierte en ausencia.

La *vista* y la *luz* son dos palabras que nos pueden llevar en
direcciones muy distintas. Pensar en la luz nos conduce a la
filosofía. Pertenece a la dimensión del pensamiento y no nos
conduce a la experiencia, sino simplemente a pensar. Es natural que sea así, porque ni siquiera el proceso de pensamiento
más perfecto del agua puede saciar un poco la sed. El camino
para saciar la sed es distinto. Hay que tener un método para la
vista, no pensar en la vista. He dicho que pensar en la luz es
filosofía, y ahora quiero decir que tener un método para la vista es religión. Con el pensamiento puedes llegar a conclusiones intelectuales, pero con la meditación puedes tener una experiencia espiritual. Lo primero es como pensar en el agua, y
lo segundo es como saciar la sed. Uno sigue formando parte
del problema, y el otro es la solución.

A todo el mundo le hago la misma pregunta: ¿quieres conocer la luz o quieres saber sobre la luz? ¿Quieres conocer la
verdad o quieres saber sobre la verdad? Tu respuesta a estas
preguntas determinarán si tienes sed de conocimiento o si solo
quieres adquirir más información.

No te olvides de que son dos cosas que van en direcciones
opuestas. Una de ellas te lleva a la disolución del ego y la otra

al fortalecimiento del ego. Con una te vuelves más inocente y con la otra te vuelves más complicado. El verdadero conocimiento destruye el ego, mientras que la información lo infla y lo alimenta. Todo lo que sea acumulación o adquisición alimenta el ego, y por eso el ego lo desea y lo anhela.

Los pensamientos también son una forma sutil de adquisición, son un alimento para el ego. La arrogancia de los eruditos no es casual y tiene un motivo. Es una consecuencia natural de la acumulación de pensamientos.

Los pensamientos se acumulan. Proceden del exterior, no nacen en tu interior. Por lo tanto, no provienen de tu alma o de tu ser, sino que solo son una capa exterior. A un ciego le puedes dar información sobre la luz, pero la sensación de la luz es algo que tiene que surgir de su interior. Lo primero es algo adquirido, y lo segundo es una energía o una facultad de los sentidos. La diferencia que hay entre información y conocimiento es la que hay entre una adquisición y una energía innata. Para adquirir algo lo tienes que obtener del exterior, mientras que la energía, el poder, llega del interior.

La adquisición provoca la ilusión de tener poder. Esta ilusión es muy fuerte y alimenta el ego. El egoísmo no es poder, sino una ilusión de poder. En realidad, no es un poder porque basta un solo rayo de verdad para destruirlo, para disolverlo. De ahí que el verdadero poder esté siempre libre de egoísmo.

Espero que hayas entendido la diferencia entre aprendizaje y sabiduría. Es crucial que lo entiendas. El falso conocimiento es un obstáculo aún mayor que la ignorancia en el camino de la autorrealización. La erudición es una falsa sabiduría. La falsa sabiduría es creer que sabes cuando en realidad no sabes. Esta ilusión se produce cuando incorporas los pensamientos de otras personas. Es una falsa impresión que surge de conocer las escrituras, conocer las palabras. Y debido a este conocimiento de las palabras, el ser humano empieza a creer, poco a poco, que conoce la verdad. Las palabras se incorporan a su memoria y parece que tiene respuestas para todas las preguntas. Con estas ideas prestadas, reprime su propia inteligencia, y antes de que pueda encontrar una respuesta en su interior, salta esa respuesta predeterminada de la capa de palabras e ideas prestadas. De esta manera uno se libera del esfuerzo de tener que vivir el problema, pero en consecuencia también se ve privado de la solución. Cuando tengo un problema, lo único que necesito es mi solución. Cualquier solución prestada o de segunda mano no me sirve.

La vida y la solución de sus problemas no se pueden pedir prestados. La solución de un problema no proviene del exterior del mismo. Surge del problema en sí. Si el problema está dentro, no podemos buscar una solución fuera. La verdad no se puede aprender, hay que destaparla, hay que descubrirla. La verdad solo se puede conocer mediante la búsqueda espiritual. Esta es la diferencia principal entre un erudito y una persona que se ha realizado. En el mundo terrenal es suficiente con estar bien versado en las «escrituras», pero en el mundo del alma no es así, en ese mundo esto ni siquiera es el principio.

Solo puedes tener información del mundo, de la materia y lo demás. Pero no puedes conocer las cosas que están fuera de ti. Solo puedes conocerlas de una forma superficial, desde fuera. Independientemente de lo cerca que te encuentres, siempre habrá una distancia. Por muy pequeña que sea esa distancia, nunca se cerrará del todo. Por eso solo puedes *familiarizarte* con las cosas que no son tu propio ser, pero no puedes *saberlas*. Puedes saber algo *acerca de* ellas, pero no puedes conocer esas cosas en sí.

La condición indispensable para el conocimiento es la absoluta ausencia de distancia, porque solo así puedes entrar en el ser interior de esa entidad. Si algo está a una cierta distancia, no puede no estar distante. La distancia solo puede dejar de existir cuando entre esa entidad y el conocedor no hay una distancia. La distancia solo se puede eliminar cuando es ilusoria. Si es real, no se puede eliminar.

Solo hay una entidad que no está a ninguna distancia de ti. Es imposible que haya una distancia que te separe de esa entidad que eres *tú* mismo. Es la única entidad que puedes conocer. Cualquier distancia que te separe de esa entidad es pura ilusión, porque ¿cómo puedes estar alejado de tu propio ser? Tú eres el centro de tu ser y tienes acceso a ese lugar, a tu morada interna. Este es el único punto que puedes conocer y solo esto se puede convertir en tu conocimiento.

Me gustaría recordarte también que no podemos conocer el mundo, solo podemos estar familiarizados con él, tener información sobre él. Pero no podemos recibir información del ser, solo podemos conocerlo. Por eso, en el caso de la materia, en el caso del mundo material, es suficiente con ser un experto en las escrituras, pero esto no sirve en el caso del ser. La ciencia es una escritura y la religión no lo es. La ciencia es información sobre la materia, mientras que la religión es el conocimiento del ser. La ciencia es una escritura y la religión es una práctica religiosa. Yo no predico. Es una dimensión completamente inútil. Lo que hay que hacer no es predicar, sino buscar un tratamiento. No se trata de ofrecer doctrinas sobre la verdad. Todas son inútiles. Lo que sí nos sirve es un método o una técnica que nos permita ver la verdad. La técnica nos sirve de tratamiento, y gracias a ella se abrirán los ojos. Entonces no tendrás que pensar en la luz, porque la verás. Cuando no tenemos ojos, tenemos que pensar, pero el pensamiento no interviene cuando tenemos ojos. El pensamiento surge para intentar hacer el trabajo de los ojos cuando hay una ceguera, pero se vuelve innecesario en cuanto se recuperan.

El pensamiento, en mi opinión, no es un síntoma de auténtica sabiduría, sino de ignorancia. La verdadera sabiduría es un estado de ausencia de pensamientos. No es un pensamiento, sino una percepción. Ninguna doctrina sobre la verdad te puede aportar esa percepción. A lo sumo será una incorporación meramente intelectual. Se puede convertir en parte de la memoria, pero nunca será un verdadero conocimiento.

Aunque una doctrina se pueda enseñar, nunca conseguirá transformar tu personalidad. Puede contribuir a un cambio superficial, igual que la ropa, pero el interior sigue siendo el mismo. No influye en el interior, la capa exterior simplemente adopta otra forma y otro color. El ser humano no puede despertar a la sabiduría de este modo. Al contrario, cae en el pozo de la hipocresía. Surge un gran abismo entre su estado y su conocimiento. Él es una cosa y lo que sabe es otra cosa distinta. Su personalidad se divide en dos. Entonces se crea un conflicto entre su ser interior y su capa exterior, y hay una dualidad. La consecuencia natural de esto es la hipocresía. Esa persona pretende ser lo que realmente no es en su interior, y esconde lo que es. Interpretar este papel no es religiosidad, y no va en contra de la vida de nadie, más que la tuya. Esto es autoengañarse, pero es lo que se entiende y se considera religiosidad.

La enseñanza intelectual de los dogmas y las doctrinas solo puede provocar esto: que cambie la cubierta exterior. Pero una revolución personal necesita que haya otra dimensión. No está en la dimensión de las doctrinas, sino en la de la búsqueda de la autorrealización. No está en la dimensión de los sermones, sino en la del tratamiento. No está en la dimensión de pensar en la verdad, sino en la de abrir los ojos a la verdad.

La religión es un método para abrir los ojos. Cuando se abran, será fácil ver lo que es. Pero las doctrinas no te abren los ojos, al contrario, los que se han dejado engañar por ellas no se dan cuenta de que los siguen teniendo cerrados, porque no han visto las verdades de las que hablan con sus propios ojos, sino con los ojos de otra persona. Que otra persona vea la verdad es como que otra persona se coma el almuerzo. A los demás no les sirve para nada.

Conocer la verdad es algo absolutamente privado e individual, no es transferible de ningún modo. La verdad no la puedes recibir ni se puede dar. Solo la puede alcanzar uno mismo por su cuenta. No la puedes robar ni recibir como una dádiva. No es un bien material, sino que es tu propio ser. La verdad no es un bien material, es tu propio ser, y por eso no es transferible. Hasta ahora nadie ha podido dar la verdad a otra persona. Y en el futuro nadie podrá dársela a otra persona, porque si fuera así dejaría de ser la verdad y se convertiría en algo, se convertiría en un simple objeto. Solo puedes dar o quitar una cosa. Cada uno deberá alcanzar la verdad en su interior por su propia cuenta. De hecho, ni siquiera es «alcanzar» nada, simplemente es «ser» eso. Es tu cualidad de *ser*, es tu propia existencia.

¿De dónde habrá surgido este asunto de aprender la verdad? Simplemente hay que destaparla. El aprendizaje solo forma más capas tapando el ser. Las enseñanzas externas solo cubren la verdad. Lo único que podemos hacer desde el exterior es cubrir. Y la ropa del pensamiento va tapando cada vez más al ser. Hay que despojarse de esa ropa y quedarse desnudo. Para conocer tu propio ser, tendrás que deshacerte de toda esa ropa. Para conocer tu propio ser, tienes que desaprender, no aprender. Cuando se hayan ido todos los huéspedes externos, conocerás al que no es un huésped, sino el anfitrión.

La verdad no se puede enseñar, pero el *método* para descubrirla, sí. Hoy en día nadie habla de este método. Aunque se habla mucho de la verdad, nadie habla del método para ver la verdad. No hay error más grande que ese. Es como apartar la vida y aferrarse al cuerpo. El resultado es que tenemos muchísimas religiones, pero no hay religión como tal.

Las numerosas sectas que se disfrazan bajo el nombre de religión no son religión en absoluto. Solo puede haber una religión. No le puedes añadir un adjetivo. No puedes ponerle un término calificativo. Religión significa religión, no existe «tal o cual» religión, o «esta o aquella» religión. Si hay «tal o cual» o «esta o aquella» es que no hay religión.

Estas sectas han surgido por culpa de las doctrinas y las teorías acerca de la verdad. Y continuarán existiendo mientras se insista en hacer hincapié en las teorías y las doctrinas. Una doctrina es insistir en unas palabras. Las sectas se forman en torno a estas palabras. Las palabras se convierten en una causa de enfrentamiento, porque crean conflictos y pequeños roces. Estas palabras dividen a los seres humanos. Y lo más curioso es que la gente crea que esas mismas palabras que les han dividido, ¡pueden unirlos a la divinidad! Lo que ha dividido al ser humano no podrá, de manera alguna, unirlo consigo mismo, a la verdad o a la divinidad.

Esta división de la religión en sectas es por culpa de las doctrinas, las palabras, las creencias y los conceptos. Esta división se debe a la ignorancia y no al conocimiento. En la verdad no hay sectas. Las sectas siempre pertenecen a una doctrina. Encontrar la verdad es liberarse de todas las sectas. Y en ese preciso instante te adentras en la religión, una religión que no es hinduista, ni jainista, ni católica ni musulmana, sino simplemente religión, simplemente luz, simplemente conciencia. La religión es descubrir tu propio ser.

Las sectas no son religiosas. ¿Qué tiene que ver la religión con una organización? Las organizaciones siempre son políticas o sociales, las organizaciones como tales pertenecen al mundo material. Se basan en el temor que se inspiran, y donde hay miedo, hay odio. No surgen de la verdad, sino de una necesidad de seguridad. Todas las naciones, así como las sociedades y las sectas, surgen debido al miedo. Y la función de algo que ha surgido del miedo es provocar miedo a los demás.

Esto es exactamente lo que hacen las sectas. No pretenden que la gente se vuelva religiosa, solo quieren aumentar su número de seguidores. Esos efectivos significan poder y son una garantía de seguridad. Los efectivos les sirven para autoprotegerse y, al mismo tiempo, para tener capacidad de ataque. Esto es lo único que llevan haciendo las sectas todo este tiempo, y siguen y seguirán haciéndolo. No han unido al ser humano con la religión, sino que le han alejado de ella.

La religión no es un fenómeno social, sino una transformación absolutamente personal. No tiene nada que ver con los demás y solo tiene que ver contigo. No le interesa lo que una persona le haga a los demás, sino lo que se hace a sí mismo. A la religión solo le interesa lo que hagas contigo mismo en tu soledad más absoluta.

Lo primero que necesitas saber es lo que eres en tu absoluta soledad. Necesitas saber quién eres. Descubrir tu propio ser es lo único que te llevará a la religión. No hay ninguna otra forma de conducir a alguien hacia la religión. Los templos, las mezquitas y las iglesias no te pueden llevar donde ya estás. No tienes que subir unas escaleras externas para llegar hasta ahí. Los templos están fuera y pertenecen al mundo; no alcanzarás tu ser atravesando sus puertas. Ningún viaje en el mundo exterior puede ser una peregrinación al sitio sagrado. Ese sitio, donde albergas la experiencia de la religión y donde se revela el misterio, la dicha, la belleza y la vida, está en tu interior. La vida sin eso solo es sufrimiento, es inútil, no tiene sentido.

Para conocer tu ser tienes que ir hacia dentro, no hacia fuera. Los sentidos, en cambio, llevan al hombre hacia fuera. Todos los sentidos van hacia fuera. Los ojos miran hacia fuera, las manos se extienden hacia fuera, las piernas se mueven hacia fuera, incluso la mente refleja y repite lo que hay en el exterior. Por eso el hombre hace ídolos e imágenes de Dios, y erige templos a la verdad, para que sus ojos puedan ver a Dios y sus pies puedan peregrinar hacia la verdad. Es un engaño creado por nosotros mismos, nos hemos tomado esta copa de veneno con nuestras propias manos. Estamos desperdiciando nuestra vida y nos engañamos adormecidos por el sopor que provoca este veneno.

Hemos imaginado y creado una religión externa que se ajuste más a nuestros sentidos, cuando, en realidad, para conocer la religión hay que ir más allá de los sentidos. Si quieres conocer al conocedor o a la conciencia que conoce el mundo mediante los sentidos, no podrás usar ese medio para hacerlo.

El conocedor no se puede conocer de la misma manera que se conocen los objetos de conocimiento. No puedes ver al que ve o la conciencia como si fuera un objeto de la vista. La subjetividad no se puede reducir o degradar a la objetividad. El problema es que no hemos entendido este punto. La gente está buscando a Dios como si fuera un objeto externo. Viajan a las montañas y a los bosques como si Dios fuera un objeto externo. ¡Eso es una locura! No hace falta buscar a Dios porque está escondido dentro del buscador mismo, y lo encuentras en el momento en que conoces al buscador.

La verdad está en tu interior. Está dentro de mí. No significa que vaya a estar dentro de ti mañana, sino ahora, en este mismo instante, ya está en tu interior. Yo soy, justamente esta *cualidad de ser* es mi auténtica verdad. Puede que todo lo que vea no sea verdad y no sea más que un sueño, porque tengo sueños, y mientras los estoy teniendo me parecen reales. De modo que todo este mundo que vemos podría ser solo un sueño. Vosotros podríais ser simplemente un sueño que estoy teniendo. También podría ser que yo estuviera soñando y, en realidad, vosotros no estuvierais aquí. El que ve todo esto, sin embargo, no puede ser irreal. El que lo ve no puede ser un sueño porque, si lo fuera, no podría soñar. Un sueño no puede ver otro sueño. Una irrealidad no puede conocer otra irrealidad. Para ver un sueño tiene que haber alguien que no sea el sueño. Incluso para ver la irrealidad hace falta alguien que realmente vea. De ahí que diga que yo soy la verdad. La verdad es mi propio ser. No tengo que ir a ningún sitio a buscarla.

Solo tienes que desenterrar la verdad que hay en tu interior. Para encontrarla tienes que cavar como si estuvieras haciendo pozo. Encima del agua siempre hay varias capas de piedras y tierra, pero, una vez que las retiras, llegas a la fuente. Asimismo, tu ser está comprimido bajo muchas capas de «otras cosas». Solo tienes que atravesar todas esas capas para encontrar lo que has estado buscando desde hace muchas vidas. Has sido incapaz de encontrarlo hasta ahora porque lo estabas buscando muy lejos de ti, cuando, en realidad, está muy cerca, tan cerca que es el mismo que está buscando.

Tienes que excavar en el pozo de tu alma. El instrumento que te sirve para hacerlo es la meditación. Con esta herramienta tendrás que quitar las capas de tierra de «alteridad» que se han ido acumulando encima del ser. Este es el único remedio, el único tratamiento. Y sobre esto os voy a hablar.

En primer lugar, tenemos que descubrir qué es lo que ha tapado tu propio ser, tu naturaleza intrínseca. ¿Qué es lo que te esconde de ti mismo? ¿No lo ves? ¿No entiendes ese manto que te tapa? ¿Qué es lo que ves cuando vas a tu interior? Hume decía: «Siempre que voy a mi interior, lo único que encuentro son pensamientos». Hume no encontró el alma, y tú tampoco la encontrarás de este modo. Hume solo pudo ver las capas que cubrían su alma y se dio la vuelta, llegó hasta el caparazón y regresó, pero para ver lo que hay dentro tienes que romper ese caparazón. Esto es como aquel hombre que fue al lago y al encontrar la superficie llena de musgo y de hojas, se volvió y dijo que no había visto ningún lago. Es lo que suele ocurrir.

Vas todos los días a tu interior, y al ver la capa de pensamientos que está constantemente ahí, te vuelves. Lo único que conoces son los pensamientos. Los pensamientos constituyen tu mundo. Una persona que solo vive en el mundo de los pensamientos es una persona muy mundana. Saber lo que hay más allá de los pensamientos es empezar a ser religioso. Conocer ese estado de ausencia de pensamientos es entrar en el mundo de la religión.

También es posible que no tengas pensamientos sobre el mundo, sino sobre el alma y de Dios, y que por eso creas que eres religioso. Quiero destruir esa ilusión que te has hecho. Esos pensamientos solo son una cubierta, un caparazón externo. Son deseos, porque son externos, están fuera. No puedes pensar en el ser. Puedes conocerlo, pero no puedes pensar en él. Los pensamientos son una cubierta. La ausencia de pensamientos puede destapar el ser.

Estar sin pensamientos es meditar. Cuando no hay pensamientos, podemos conocer al que está tapado por los pensamientos. Cuando no hay nubes, podemos ver el cielo azul. Amigos míos, en vuestro interior también hay un cielo. Eliminad la nube de los pensamientos para poder verlo, para poder conocerlo. Es posible. Cuando la mente está tranquila y sin pensamientos, se produce un silencio, una profunda ausencia de pensamientos y de preferencias en la que puedes ver la verdad.

¿Qué podemos hacer para que suceda? Lo que hay que hacer es muy sencillo, pero te has vuelto tan complejo que te parecerá muy complicado. Es algo que podría hacer incluso un recién nacido, pero que a ti te resulta imposible. Tienes que ver el mundo y verte a ti mismo como si fueses un recién nacido. Un bebé simplemente mira sin pensar. Solo ve. Y ver sin más es maravilloso. Esta es la llave secreta que puede abrir la puerta de la verdad.

Yo te estoy viendo. Solo te estoy viendo. ¿Me sigues? Solo te estoy viendo, no estoy pensando. Y entonces se produce en tu interior una calma sin precedentes y un silencio vivo. Lo ves todo y lo oyes todo, pero por dentro nada se mueve. Por dentro no hay ninguna reacción, no hay pensamientos. Solo hay *darshan*, solo ves. El método de meditación consiste en ver correctamente y poner la atención correcta. Solo tienes que ver todo lo que hay fuera y todo lo que hay dentro al mismo tiempo. Fuera hay objetos, dentro hay pensamientos. Tienes que verlos sin poner ninguna intención. Eres un testigo, un testigo que no está involucrado, simplemente estás viendo. Esa observación, esa atención te conduce gradualmente a la paz, a un vacío absoluto, a una ausencia de pensamientos. Inténtalo y verás. A medida que se disuelvan los pensamientos, la conciencia se despertará y cobrará vida. Detente un poco de repente, en cualquier momento, en cualquier lugar. No pienses, simplemente sé un testigo y fíjate en lo que ocurre. Luego deja que ese testigo se extienda y coloree todas tus actividades físicas y mentales. Deja que esté contigo permanentemente. Mientras estás siendo un testigo dejas de ser tú y ves lo que realmente eres. El «yo» muere y alcanzas a tu ser.

Con esta técnica de ser un testigo, observando a tu observador natural, se produce una transición sin esfuerzo, un sencillo intercambio entre lo que estás observando y el que está observando. Cuando observas tus pensamientos, empiezas a vislumbrar al que está observando. Llegará un día que aparecerá el que ve en toda su majestad y gloria, y tu pobreza y tu desdicha llegarán a su fin.

Esta no es una técnica que puedas practicar de vez en cuando y luego liberarte. Tienes que practicarla constantemente, día y noche. Poco a poco, te acompañará todo el tiempo. A medida que vayas practicando el convertirte en un testigo, y cuanto más te adentres en el estado de atestiguar, ese estado se irá instaurando y empezará a estar presente en todo momento. Estará presente cuando estés sentado o de pie, andando o parado. Seguirá estando presente incluso cuando estés dormido. Y cuando esto ocurre, cuando empieza a estar presente incluso en el sueño, puedes estar seguro de que lo has incorporado y se ha adentrado en tu ser. Del mismo modo que ahora estás dormido aunque estés despierto, luego estarás despierto aunque estés dormido.

La técnica de ser un testigo dispersa los pensamientos en el estado de vigilia y en los sueños cuando duermes. Una mente libre de pensamientos y de sueños se mantiene sosegada. Está tranquila, sin oscilaciones ni vibraciones, igual que el mar está tranquilo cuando no hay olas, o la llama de una vela no titila cuando no hay brisa en la casa. Este estado es tal que te permite conocer el ser –lo que tú mismo eres, lo que es la verdad–, y se abren las puertas del palacio de Dios.

Esa puerta, esa entrada, no está en las escrituras y en las palabras, está en tu propio ser. Por eso te digo que no hay que buscar en otro sitio, solo tienes que cavar en tu interior. No vayas a otro sitio. Ve a tu interior. Ya te he explicado el método para hacerlo.

Por la serenidad y el brillo que veo en vuestros ojos deduzco que me habéis entendido. Pero no basta con entenderlo. Para que se convierta en la base de una vida en la verdad, tiene que haber una experiencia espiritual, no una comprensión intelectual. Comienza a caminar en el sentido de lo que he dicho y observa. Si empiezas a estar en esa dimensión, lo verás. Habrás avanzado mucho, aunque solo hayas recorrido un tramo, porque cuando te diriges hacia la verdad, cuando te vas acercando a ella y entras en su campo gravitatorio, no solo caminas hacia ella, sino que la verdad te atrae hacia ella.

Y, por último, recuerda que el que camina acaba llegando algún día. Los pasos que das hacia Dios nunca son en vano. Soy testigo de esta verdad. ¡Cómo me gustaría que tú también descubrieras esa verdad, aunque solo fuera un momento, para que fueras testigo de ella! La tienes muy cerca. Para darte cuenta de ello, solo tienes que despertar. El sol ya ha salido. Solo es cuestión de abrir los ojos y verlo. Yo te invito a abrir los ojos. ¿Oirás mi llamada y abrirás los ojos? La decisión y la determinación es algo que solo dependen de ti.

13. La gota de rocío y el océano

Osho, ¿no valoras la filosofía? ¿No es necesario saber
algo acerca de la verdad para conocerla?

No podrás saber nada de la verdad hasta que no la conozcas.
Además, saber algo de la verdad no es conocerla. Todo lo que
sepas es falso. Es falso porque no podrás entenderlo si no has
tenido la experiencia. Es falso, pero no necesariamente desde
el que habla, sino desde el que escucha.

Si yo te digo algo sobre la verdad, ¿entenderás exactamente lo que estoy diciendo? No es posible, porque para entender
algo igual que yo, tendrías que ser como yo y estar en el mismo sitio que estoy yo. Cuando lo que he dicho llegue hasta ti,
ya se ha convertido en falso. Es lo que ocurre siempre. Yo solo
pongo las palabras, pero la interpretación surge de ti. El significado lo pones tú y solo puede ser tuyo. Aunque las palabras
sean mías, el significado lo pones tú.

Ese significado no puede ser más de lo que tú eres, ni puede estar más allá de tu experiencia. ¿Crees que estás leyendo
a Krishna cuando lees la *Gita*? ¡Si lo crees, estás completamen-

te equivocado, amigo mío! Solo te estás leyendo a ti mismo en la *Gita*, de lo contrario, ¿cómo puede ser que haya tantas interpretaciones y comentarios distintos? Consigues ver tu propia imagen en cada texto religioso, la religión no es más que un espejo para ti.

Antes de que conozcas la verdad, solo tendrás palabras, pero no la verdad. Esas palabras pertenecen a los demás, a los libros sagrados, a los *avatares* y *tirthankaras*, a los iluminados, pero el significado y la interpretación serán tuyos. Eres tú quien está dentro de esas palabras. ¿No será ese el motivo de que haya tantos enfrentamientos y diferencias entre las supuestas religiones? ¿Hay algún enfrentamiento o algún antagonismo entre el Buda y Jesús? Las distintas interpretaciones, desacuerdos y antagonismos son nuestros, pero los continuamos en nombre de ellos.

La religión surge de los que conocen la verdad, y las sectas se forman y organizan por los que solo han oído hablar de ella, por los que creen en ella. Por eso hay innumerables sectas, aunque solo haya una religión. La explicación es que la experiencia de conocer la verdad es idéntica para todos, pero la creencia en la verdad no puede ser idéntica. El conocimiento solo es uno, pero hay tantas creencias como personas que creen.

La religión surge cuando ves la verdad, cuando te das cuenta de la verdad, pero las religiones nacen cuando no la ves. La rueda de la religión es movida por los que saben, pero los que se encargan de organizarla son los que no saben, son ellos los que organizan las religiones, y han conseguido convertir la religión en irreligión. El ser humano ha sido víctima de esta calamidad a lo largo de toda su historia.

Osho, ¿si no tenemos una idea de la verdad cómo vamos a pensar en ella?

Yo no te estoy pidiendo que pienses. Pensar no te va a permitir saber más de lo que ya sabes. Si no conoces la verdad, ¿cómo puedes pensar en ella? El pensamiento siempre se mantiene dentro de los límites de tu propia experiencia. Pensar es rumiar tus conocimientos. Pensar no puede ser creativo, simplemente es repetitivo. Nunca conocerás lo que no conoces pensando. Si quieres conocer lo desconocido, tendrás que renunciar a lo que sabes. Para adentrarte en lo desconocido, tienes que abandonar la orilla de lo conocido.

De manera que es mejor que no te hagas una idea previa de la verdad, porque es una idea completamente falsa, no está viva, no tiene un significado vivo. Aunque sea muy respetada por las tradiciones y haya muchas personas que la reverencien y las escrituras la defiendan, esa idea no tiene valor para ti. Para un buscador de la verdad, no solo no tiene ningún valor, sino que es falsa.

Querer ver el cielo de la verdad fragmentado a través de la restricción del marco de la ventana de ese mismo concepto es muy distinto a salirse de todas las restricciones y todos los marcos y ver el cielo en toda su extensión.

El cielo no está limitado por nada. La verdad tampoco está limitada por nada. Todas las restricciones han sido creadas por el hombre, todas las ideas han sido creadas por el hombre. Todas los nombres se los ha dado el hombre. La verdad es algo que no ha sido creado por el hombre. Si quieres conocer la verdad, sal de cualquier cadena y de cualquier marco. Sal de todas las palabras, pensamientos y conocimientos. Deshazte de lo conocido para que pueda entrar lo desconocido. Y deja a un lado todos los conceptos creados por el hombre para experimentar lo que no ha sido creado, que es la base misma de la creación.

Osho, ¿es posible conocer la verdad sin ayuda de las escrituras? ¿No podemos conocerla a través de ellas?

¿Estás insinuando que, si destruyen todas las escrituras, se destruirá la verdad? ¿La verdad depende de las escrituras o son las escrituras las que dependen de la verdad? Amigo, nunca se ha alcanzado la verdad a través de las escrituras, al contrario, las escrituras han surgido o han sido reveladas después de encontrar la verdad. Lo que tiene valor no son las escrituras, sino la verdad. Lo fundamental es la verdad, no las escrituras. La verdad no tendría mucho valor si se pudiera alcanzar a través de las escrituras. Podrías hacerlo sin necesidad de cambiar nada dentro de ti.

Las escrituras, en cambio, sirven para llenarte la memoria, no provocan el conocimiento de la verdad. Con el ejercicio de la memoria no se consigue nada en la dimensión de la verdad. Para conocer la verdad, tendrás que pagar el precio de la auto-transformación. Las escrituras solo te convierten en un entendido, en un erudito, pero no aportan sabiduría. De las escrituras solo pueden nacer más escrituras. Es natural. Lo que es material solo puede producir algo material. ¿Como puede nacer la sabiduría de unas escrituras. La sabiduría es la naturaleza misma de la conciencia, no puede surgir de una materia inconsciente. Las escrituras solo pueden enriquecer una memoria inconsciente y sin vida. El conocimiento consciente no se adquiere a través de las escrituras, sino a través de uno mismo.

Lo que me pregunto es: ¿cómo puedes conocer la verdad mientras se sigan interponiendo las escrituras? Esta falsa noción de que la verdad se puede obtener de otra persona, de las escrituras o de un gurú no te permite buscarla en tu interior. Esta idea constituye el mayor obstáculo. Esa búsqueda sigue teniendo lugar en el mundo. Ten presente que las escrituras también pertenecen al mundo. Todo lo que está fuera forma parte del mundo. La verdad está donde no existe lo de fuera: está dentro, está donde está tu ser. El ser es la verdadera escritura y también el verdadero gurú. Cuando entras dentro de tu ser, alcanzas la verdad.

Osho, lo que nos señala el intelecto que es la verdad,
¿no es la verdad?

El intelecto piensa. Pensar no es saber. Pensar es ir a tientas en la oscuridad, no es saber. La verdad no se puede pensar, se ve, se comprende. Esto no sucede mediante el intelecto, sino cuando el intelecto está tranquilo y vacío. Ese estado de conocimiento interno no es el intelecto, sino la intuición. La intuición no es pensar, es un ojo. La intuición para alguien que quiere encontrar la verdad es como recuperar la vista para un ciego. Nadie ha llegado a ningún sitio por pensar. Es ir eternamente a tientas. Un ciego puede ir a tientas sin cesar, pero ¿alcanzará la luz yendo a tientas? Del mismo modo que ir a tientas y la luz son dos cosas que no están relacionadas, pensar y la verdad tampoco. Se trata de dimensiones completamente distintas.

Osho, ¿consideras que ver a Krishna o a Jesucristo es una experiencia espiritual?

No, no es una experiencia espiritual. Una aparición no es una experiencia espiritual. Cualquier experiencia a este nivel es psicológica. Cuando hay una visión de alguien no hay una visión del ser. Son experiencias en las que sigues estando fuera de tu ser, todavía no has llegado a tu ser. Llegar a tu ser es algo que ocurre cuando no hay ningún tipo de experiencia exterior. Cuando no hay ningún objeto delante de la conciencia, esta se instala sin esfuerzo en el ser. En el ser solo se puede instalar una conciencia que no tenga un objeto.

Estoy rodeado de dos mundos en el exterior: el mundo de lo material y el mundo de la mente. Estos dos mundos están fuera de mí. En el exterior no está solo la materia, sino también la mente. Nos creemos que la mente es interior porque está dentro del cuerpo, pero no es así. El ser es interior, y está detrás de la mente, más allá de la mente.

Aunque no confundimos las experiencias materiales con las espirituales, las experiencias psicológicas sí pueden parecer espirituales, porque las imágenes mentales que vemos son diferentes de las que tenemos en el mundo material que conocemos, y también porque las seguimos viendo con los ojos cerrados. Entre las experiencias psicológicas, no consideramos experiencias espirituales a los sueños, aunque solo se produzcan cuando tenemos los ojos cerrados, y aunque se acaben en el momento en que hay un despertar o un contacto con el mundo exterior.

Las únicas experiencias que reciben el nombre de «proyecciones mentales» son las que crean la sensación de que son reales y espirituales. La mente tiene la capacidad de hipnotizarse a sí misma hasta tal punto de que, al abrir los ojos, puede seguir viendo lo que sueña con los ojos cerrados. Es algo parecido a soñar despierto. De ahí que podamos ver a Dios como queramos, como Krishna o como Jesús. Estas visiones solo son una proyección mental donde no estamos viendo lo que realmente es, sino lo que queremos ver. Estas experiencias no son espirituales ni divinas. Simplemente son experiencias psicológicas provocadas por una autohipnosis.

Osho, entonces, ¿cómo podemos ver a Dios?

El término *ver* es engañoso porque nos hace creer que Dios es una persona que podamos ver. Del mismo modo, el término *Dios* también nos crea la ilusión de una persona, de un personaje. No hay ningún Dios, solo hay *divinidad*. Dios no es una persona, sino una energía. Dios es un océano infinito de energía, es un océano infinito de conciencia que se manifiesta en todas las formas. Dios no es un creador separado, es la propia creación, es creatividad, es la vida.

Rodeados por el ego, creemos estar separados de la vida. Esa es la distancia que nos separa de la divinidad. En realidad, no hay ninguna distancia ni separación. Es una ilusión de la distancia creada por el «yo». Esta distancia es ignorancia. De hecho, no hay una distancia como tal, la distancia es ignorancia en sí. Cuando el «yo» se disuelve, nos damos cuenta de que hay una energía vital creativa infinita e ilimitada, que es «Dios». Nos damos cuenta de que el «yo» no está en ninguna parte, y que todo lo que está en las olas del océano también está en ti, todo lo que está en los brotes frescos de la primavera también está en ti, y todo lo que está en las hojas del otoño que caen está en ti. Esta experiencia se denomina «ver a Dios».

Un visionario dijo: «*Tattvamasi svetaketu*» («Tú eres eso»). El día que lo sientas y lo experimentes, habrás conocido a Dios. Todo lo que no sea esto, cualquier otra cosa, solo es imaginario.

¿Qué visión puedes tener de Dios? Tú mismo tienes que convertirte en Dios. ¿Qué visión del océano puede tener una hoja de rocío? Pero cuando pierda su identidad, se convertirá en el océano mismo. Mientras siga siendo una gota de rocío, habrá un inmenso abismo entre ella y el océano, pero en cuanto pierda su identidad y se disuelva en el océano, se convertirá en el océano.

¿Estás buscando a Dios? Busca cómo *convertirte* en Dios. El camino de esta búsqueda es el mismo que el de la gota de rocío que busca el océano.

> Osho, yo creo en Dios, pero tú dices que es perjudicial. ¿Debería renunciar a mi creencia?

¿No está la respuesta a tu pregunta implícita en ella? ¿Qué clase de creencia es esa que puedas agarrarte a ella o renunciar a ella según te apetezca? Solo es un concepto mental ciego que evidentemente no tiene ningún valor. Eso es fe ciega, y cuanta menos ceguera haya en tu vida, mejor.

Yo no te pido que creas en algo, sino que sepas. El único estado mental que tiene valor es el que surge cuando sabes, cuando te das cuenta. Si quieres, puedes llamarlo la «fe correcta», pero no es fe, es saber. No tengas fe en la verdad, búscala, descúbrela, pero no te agarres a creencias o conceptos. Eso es un signo de debilidad mental. Es un letargo, una negligencia. Es una forma ofensiva de ahorrarte el trabajo de buscarlo tú mismo.

La fe ciega es una escapatoria de la búsqueda de la realización. En cierto sentido, es una forma de suicidio, porque cuando alguien cae en esa zanja, es incapaz de escalar a la cumbre de la verdad. Estos dos caminos te llevan en direcciones opuestas. Uno es la zanja en la que caes, y el otro es la elevada cumbre a la que asciendes.

Es muy fácil tener fe porque no tienes que hacer nada. En ese sentido, no es tan fácil saber. Saber es transformar completamente tu vida. La fe solo es una apariencia externa, y el saber es una revolución interna. La comodidad de la fe catapulta a la religión desde el fuego de la búsqueda espiritual al sopor de la creencia ciega. La religión no consiste en tener fe, pero, desgraciadamente, eso es lo que son todas las religiones de masas hoy en día. Por eso soy incapaz de llamar religión a una «religión de masas». Creo que Carlos Marx tenía razón a este respecto: no es religión, sino opio.

14. El nacimiento de un nuevo ser humano

Te han dicho que debes tener fe en las escrituras, en las palabras de Dios, en los maestros religiosos. Yo no te digo nada de eso. Yo digo que debes tener fe en ti mismo. Solo podrás saber lo que dicen las escrituras o conocer la palabra de Dios cuando te conozcas a ti mismo. Cuando una persona tiene fe en sí mismo, siente que las demás creencias no tienen sentido. ¿Cómo puedes ponerte en la piel de otra persona si no te puedes poner en la tuya propia? El Buda dijo: «Sé una luz para ti mismo. Sé tu propio refugio. El único refugio correcto es tu propio ser». Y yo digo lo mismo.

Una noche, un monje estaba despidiéndose de otro monje que había sido su huésped, cuando el segundo dijo: «La noche está muy oscura. ¿Qué puedo hacer para tener luz cuando me vaya?». El anfitrión encendió una lámpara y se la dio a su huésped, pero cuando bajaba por la escalera apagó la luz. El lugar se sumió de nuevo en la oscuridad. Entonces, el anfitrión dijo: «Mi lámpara no te puede alumbrar el camino, para eso necesitas tu propia lámpara». El invitado comprendió el mensaje del monje, y esta comprensión se convirtió en una luz en el camino de su vida que nadie pudo apagar ni quitarle.

La práctica espiritual no es una parte o un fragmento de la vida, sino su totalidad. Tiene que abarcar todo lo que hagas: cuando estás de pie, sentado, hablando o riéndote. Solo así tendrá sentido y será natural. La religión no se manifiesta solo en una acción, por ejemplo, rindiendo culto a algo o rezando. No es un ritual, sino una forma de vida. En este sentido, la religión no es religiosa, es el individuo quien se vuelve religioso. No es un comportamiento religioso, sino que tu vida se vuelve religiosa.

La conciencia solo puede estar por encima del individuo y ser uno con la totalidad cuando se libera de la atadura del ego, del «yo». Del mismo modo que un recipiente de barro puede separar una porción de agua del mismo océano, la envoltura mortal del ego mantiene al individuo alejado de la verdad.

¿Qué es este ego, este «yo»? ¿Lo has buscado alguna vez en tu interior? Solo está ahí porque nunca lo has buscado. Cuando yo lo intenté encontrar, me di cuenta de que no existía. Cuando tengas un momento de tranquilidad, ve a tu interior y mira. No encontrarás a ese «yo» en ninguna parte. El «yo» no existe. Es una mera ilusión que se ha asentado en el ser porque tiene una utilidad social. Del mismo modo que tienes un nombre, también tienes un ego. Es una utilidad, pero no es verdad. Lo que está en tu interior no tiene nombre ni ego.

No hay tal cosa como entrar en el nirvana, en *moksha*, en la liberación, en el alma. ¿Cómo puedes entrar en un sitio del que nunca has salido? Entonces, ¿qué ocurre? Aunque no puedas entrar en el nirvana, lo que ocurre es que el mundo en el que estabas tan inmerso se disuelve como si fuera un sueño y te encuentras dentro de tu ser. Esta experiencia no se parece a entrar a un sitio, es darte cuenta súbitamente de que estás en tu cama cuando termina abruptamente un viaje que estabas haciendo mientras soñabas. Como no has ido a ningún sitio, no se trata de volver. Como no has perdido nada, no tiene sentido hablar de encontrar algo. Solo estabas soñando y todas esas ideas de haberte ido y haber perdido algo simplemente eran un sueño. De modo que no tienes que volver a ningún sitio ni encontrar nada. Solo tienes que despertarte.

El descubrimiento de la verdad siempre es perfecto y total. No es algo que llegue gradualmente. No es una evolución, sino una revolución. ¿Quién se despierta poco a poco de un sueño? O estás soñando, o no lo estás. No hay un término medio.

El trabajo espiritual puede llevar mucho, mucho tiempo, pero descubrir la verdad es como un relámpago, ocurre de forma completa e instantánea. Este descubrimiento no tiene lugar en el tiempo como tal, porque todo lo que sucede en el tiempo es gradual. La práctica espiritual pertenece al ámbito del tiempo, pero conocer la verdad no. Está más allá del tiempo.

Para descubrir la verdad, no basta simplemente con practicar la bondad y el no apego. Eso sería una práctica espiritual parcial. Para descubrir la verdad hay que estar por encima del bien y del mal, del apego y el no apego, del mundo y el nirvana. Este estado se denomina *veetaragata*, el estado que está más allá del apego y el no apego. La conciencia *veetaragata* es un estado en el que no hay apego ni no apego, no hay bien ni mal, y únicamente hay conciencia en estado puro. En este espacio es donde puede ocurrir el descubrimiento de la verdad. Tienes que cultivar una mente desapegada y despierta. Tienes que empaparte de ese estado mental, de manera que esté entrelazado con tu propia respiración, día y noche. Tienes que estar despierto y desapegado en todas tus actividades, esto es lo que se ha llamado no acción en la acción. Es como un actor que está actuando, que está atento a su actuación sin identificarse con el personaje y sin perder el sentido de la realidad. Aunque esté actuando, se mantiene al margen. Te tienes que convertir en esto, y así es como tienes que ser.

Si una persona está alerta al mismo tiempo que lleva a cabo una actividad, no le resultará difícil mantenerse al margen. Esta es la consecuencia natural de estar alerta. Si vas caminando por una carretera y estás completamente atento al hecho de andar, sentirás como si estuvieras andando sin andar. El caminar solo sucede en el plano corporal, pero en el plano de la conciencia no estás andando. Lo mismo ocurre cuando comes o haces otras cosas. En tu interior hay un centro que sigue siendo un testigo. No es el que lo hace ni el que lo disfruta. Cuanto más profunda sea la intensidad de esta experiencia de ser un testigo, más se alejarán de ti los sentimientos de felicidad y de tristeza, y te darás cuenta de que tu alma es conciencia pura, sin dualidad.

¿Qué es la mente? La mente es al mismo tiempo la colección y la coleccionista de todo lo que perciben los sentidos. Si alguien considera que su mente es su ser, está confundiendo al criado con el amo. Quien quiera descubrir su ser tendrá que dejar a un lado todo lo que sabe y buscar al que sabe que está en su interior. La mente es todo lo que sabemos, y el ser es *con lo que* sabemos.

El testigo –el que sabe– es el ser. El ser está aparte del nacimiento y de la muerte, está aparte del *maya* y el *moksha*, el mundo y la liberación. Solo es un testigo, es testigo de todo, de la luz, de la oscuridad, del mundo, del nirvana. El ser está más allá de la dualidad. La verdad es que el ser está más allá incluso de uno mismo y del otro, porque también es testigo de eso.

Cuando una persona conoce ese testigo, se convierte en una flor de loto, separada del lodo del que ha nacido y sin entrar en contacto con el agua en la que vive. Una persona así está tranquila y sosegada en cualquier situación –en el placer y en el dolor, en el honor y en la humillación–, porque solo es un testigo. Nada de lo que ocurra le ocurre a ella, sino que ocurre ante ella. Se convierte en un espejo que refleja miles de imágenes, pero ninguna de ellas deja huella.

Un anciano monje llegó a la orilla de un río con un joven compañero. El joven preguntó: «¿Cómo vamos a cruzar el río?». El anciano contestó: «De forma que no nos mojemos los pies». El joven, al escucharlo, sintió como un relámpago y comprendió de golpe algo claro y sencillo. El río llegó y se fue, pero la misteriosa máxima había penetrado profundamente en su corazón. Y se convirtió en el principio que le guio y marcó el resto de su vida. Gracias a eso aprendió a cruzar el río sin mojarse los pies.

Conviértete en una persona que coma y ayune al mismo tiempo, que esté en medio de la multitud y a la vez esté sola, que esté despierta mientras duerme, porque solo una persona así puede alcanzar la liberación estando en este mundo y encuentra la divinidad en la materia.

Alguien dijo: «El mundo no debería estar en la mente, la mente no debería estar en el mundo». Esa es la clave. Si cumplimos la primera mitad de esta máxima, la segunda mitad sucederá naturalmente. La primera mitad es la causa, y la segunda, el efecto. Si se realiza la primera parte, la segunda será su consecuencia natural. Los que empiezan con la segunda parte, se equivocan, porque así no funciona. La segunda parte no es la causa, no es la raíz. Por eso mantengo que esa máxima solo es esto: el mundo no debería estar en la mente. Lo que sigue a continuación no forma parte de la máxima porque es su consecuencia. Si el mundo no está en la mente, la mente no irá al mundo. Lo que no está en la mente no puede influir en ella.

En el *samadhi* o la iluminación no hay un objeto que haya que conocer, de modo que el estado de *samadhi* no se puede llamar conocimiento. Evidentemente no es conocimiento en el sentido corriente, pero, al mismo tiempo, tampoco es ignorancia, porque tampoco hay algo que no podamos conocer. Es distinto, a un mismo tiempo, del conocimiento y de la ignorancia. No es conocer un objeto ni no conocerlo, porque no hay ningún objeto. Lo único que hay es subjetividad. Lo único que hay es aquello que sabe. No hay un conocimiento de ningún objeto, sino únicamente el saber, la conciencia vacía de contenido. Alguien le preguntó una vez a un monje: «¿Qué es la meditación?». Y él contestó: «La meditación es estar en lo que está cerca».

¿Qué es lo que está cerca de ti? Aparte de ti, ¿no está todo lo demás a una cierta distancia? Solo tú estás cerca de ti. Pero tú te quedas desierto y siempre estás en otra parte, siempre estás en los alrededores. No tienes que estar en los alrededores, sino dentro de ti. Eso es la meditación. Aunque no estés en ninguna parte y tu mente tampoco, sigues estando en algún sitio. Ese estar en algún sitio es meditación. Cuando no estás en ningún sitio, estás dentro de tu ser. Y en eso consiste no estar en los alrededores, no estar lejos. Es estar dentro, cerca, en lo más íntimo. Solo puedes conocer la verdad cuando estés ahí. Estando en los alrededores lo pierdes todo, pero cuando estás en tu ser, lo recuperas.

No te estoy pidiendo que renuncies al mundo, sino que te transformes. Negar el mundo no te hará cambiar, pero cuando tú cambias, el mundo deja de ser mundo para ti. La verdadera religión no es rechazar el mundo, sino transformarte a ti mismo. No pienses en el mundo, sino en tu forma de ver el mundo. Eso es lo que tienes que cambiar. Tu forma de ver el mundo es el motivo de que exista y tengas ataduras. La atadura no es por el mundo en sí, sino por tu forma de verlo. En cuanto cambies tu enfoque, toda la existencia cambiará para ti. En el mundo no hay nada que esté mal, lo que está mal eres tú y tu forma de ver las cosas.

La ciencia de la transformación de la vida se llama meditación. Las ciencias naturales llegan al átomo y a la energía atómica mediante el análisis, pero la meditación llega al alma y a la energía del alma. A través de lo primero se descubre el misterio que se oculta dentro de la materia, y a través de lo segundo se revela el universo que se esconde dentro del ser. Pero la meditación es más importante que la ciencia, porque en la existencia no hay nada más importante que tu propio ser.

El ser humano ha perdido el equilibrio porque, aunque sepa mucho de la materia, no sabe nada de sí mismo. Ha aprendido a sumergirse en las insondables profundidades del océano y ha aprendido a volar por las increíbles alturas del espacio, pero se ha olvidado por completo de cómo entrar dentro de su propio ser. Es un suicidio. Esa es justamente nuestra desgracia. La meditación nos puede liberar de este desequilibrio. Es necesario que se enseñe. Solo puede surgir un nuevo ser humano en el verdadero sentido, y se podrán establecer las bases de una nueva humanidad mediante la meditación.

La ciencia ha declarado el triunfo del hombre sobre la materia, ahora le toca al hombre conquistarse a sí mismo también. Con la conquista de la materia surge la necesidad de conocerse y conquistarse a sí mismo. De lo contrario, la conquista del poder ilimitado de la materia se convertirá en su propia destrucción porque, cuando el poder está en manos de la ignorancia, se vuelve peligroso y suicida. Si la ciencia está en manos de ignorantes, tendremos una combinación destructiva, pero si está en manos de personas que se conocen a sí mismas, llevará al nacimiento de una energía creativa sin precedentes que podrá transformar esta tierra en un paraíso.

Por eso digo que el destino y el futuro del ser humano están ahora en manos de la meditación. La meditación es la ciencia del futuro, porque es la ciencia del ser humano.

15. La espera infinita

¿Qué te puedo decir hoy? Esta tarde nos despediremos y me doy cuenta de que tu corazón está triste solamente de pensar en ese momento. Hace solo cinco días que llegamos a este sitio solitario, ¿y quién pensaba entonces en la despedida?

Pero recuerda que marcharse es intrínseco a venir. Aunque siempre los veas por separado, están juntos simultáneamente, pero nos dejamos engañar por el intervalo de tiempo que hay entre los dos. Si alguien lo analiza en profundidad, se dará cuenta de que la despedida es intrínseca al encuentro, la tristeza es intrínseca a la felicidad, y la muerte es intrínseca al nacimiento. De hecho, entre ir y venir no hay casi ninguna diferencia, o, mejor dicho, no hay ninguna diferencia. Y en la vida pasa lo mismo. En el momento que llegas ya empieza el proceso de irte. Lo que llamamos estar ¿no es simplemente una preparación para marcharnos?

En realidad, ¿qué distancia hay entre la vida y la muerte? La distancia entre ellas se puede volver muy amplia, infinita. Si tu vida se convierte en una realización espiritual, la distancia se volverá infinita. Si tu vida se convierte en una realización espiritual, la muerte se convertirá en *moksha*, en la liberación final. Aunque entre el nacimiento y la muerte no haya mucha distancia, la distancia o diferencia que hay entre el nacimiento y *moksha* es infinita. Esa distancia es tan grande como la que existe entre el cuerpo y el alma, entre el sueño y la verdad. Es la mayor distancia que hay. No hay otros dos puntos tan distantes.

La creencia de que «soy el cuerpo» es la muerte, darse cuenta de que «soy el alma» es *moksha*, la liberación final. Y la vida es una oportunidad para darnos cuenta de esta verdad. Si la usamos adecuadamente y no la malgastamos, la distancia que hay entre la vida y la muerte se volverá infinita.

Entre tu llegada aquí y tu partida también puede haber una gran distancia, una enorme distancia, y tan solo en el transcurso de los pocos días que has estado aquí. ¿Es posible que el que vuelve no sea el mismo que el que vino? ¿Es posible que al volver seas una persona completamente nueva y diferente?

Esta revolución o esta transformación puede tener lugar en un instante si quieres. Cinco días son muchos días. Pero si tú no quieres, pueden pasar cinco vidas sin que ocurra nada, y mucho menos podrá ocurrir en cinco días. Solo es suficiente con un momento de voluntad, un momento de voluntad absoluta. Mientras que una vida entera sin voluntad es poco tiempo.

Recuerda que lo importante es la voluntad, no el tiempo. El tiempo es la medida de los logros de la vida, y la voluntad es la medida de los logros de la verdad. La fuerza de voluntad le da una profundidad insondable y una expansión infinita a un solo instante. De hecho, con la intensidad de la voluntad el tiempo deja de existir y solo hay eternidad.

La voluntad es la puerta que te libera del tiempo y te une a la eternidad. Deja que tu voluntad aumente y profundice. Deja que se expanda y abarque hasta tu respiración. Deja que siga en tu memoria mientras estás dormido o estás despierto. Solo podrá haber un nuevo nacimiento a través de la voluntad, es un nacimiento en el que no hay muerte. Este es el único nacimiento verdadero.

Hay un nacimiento del cuerpo físico que inevitablemente acaba en muerte. Yo no lo considero un verdadero nacimiento. ¿Cómo puede ser el principio de la vida algo que acaba con la muerte? Pero hay otro nacimiento que no acaba con la muerte. Ese es el verdadero nacimiento porque culmina en la inmortalidad. Durante estos días te he invitado y animado a experimentar este nacimiento. Nos hemos reunido aquí para este nacimiento. Pero simplemente por acudir a esta reunión no obtendrás ningún resultado. Si cada uno de vosotros genera en su interior esta sed y le da forma a este llamamiento, ese estado mental de determinación e integración le llevará al verdadero nacimiento. La verdad siempre está cerca, pero hay que tener determinación, hay que acercarse a ella. La sed de la verdad está dentro de ti, pero necesitas tener una voluntad resuelta. La sed solo se convierte en una búsqueda espiritual cuando va unida a la voluntad.

Una vez un hombre le preguntó a un místico cómo alcanzar a Dios. El místico le miró a los ojos y vio su sed. El místico iba de camino hacia el río, de modo que le dijo al hombre que le acompañara y le prometió que le enseñaría a alcanzar a Dios después de darse un baño.

Llegaron al río y en cuanto el hombre se zambulló en el agua, el místico lo agarró de la cabeza y le hundió con mucha fuerza. El hombre empezó a luchar para soltarse. Su vida estaba en peligro. Era mucho más débil que el místico, pero toda su fuerza latente empezó a aflorar y se sacudió hasta que al místico le fue imposible seguir sujetándolo. El hombre llegó al límite de sus fuerzas y consiguió salir a flote. Estaba anonadado. No era capaz de entender el extraño comportamiento del místico. ¿Se había vuelto loco ese hombre? Y, mientras tanto, el místico se reía a carcajadas.

Cuando el hombre recobró el aliento, el místico le preguntó: «Amigo, cuando estabas debajo del agua, ¿qué deseos había en tu mente?». «¡¿Deseos?! –exclamó el hombre–. No tenía ningún deseo, lo único que quería era respirar». El místico dijo: «Ese es el secreto para alcanzar a Dios. Eso es la voluntad que tienes que tener. Tu voluntad ha despertado toda tu fuerza latente».

En un momento de voluntad tan intensa se despierta una gran fuerza, y el hombre transita desde el mundo hacia la verdad. El tránsito del mundo hacia la verdad, y del sueño hacia la verdad, se consigue mediante esa voluntad.

Ahora bien, a la hora de partir, me gustaría recordarte esto: que la voluntad es necesaria. ¿Y qué más se necesita? Necesitas continuidad en tu búsqueda espiritual. No debería haber fisuras en tu búsqueda. ¿Alguna vez has visto cómo cae una cascada por la montaña? Es un flujo constante de agua que acaba por romper las rocas. Si te propones constantemente romper las rocas de la ignorancia, esas rocas que parecían irrompibles al principio se acabarán convirtiendo en polvo y podrás abrirte camino.

El camino se encuentra, pero no está hecho. Tienes que trazarlo tú mismo con tu esfuerzo. Y esto es algo que dignifica al ser humano, encontrar la verdad con nuestro propio esfuerzo nos otorga dignidad.

Mahavira quiso transmitir esta idea usando la palabra *shramana* para referirse al buscador. La verdad se alcanza con *shrama* o trabajo. La verdad no es una limosna que recibas por caridad, sino un logro. Tiene que haber voluntad, un esfuerzo constante y una espera infinita. La verdad es infinita, luego para alcanzarla necesitas una espera y una paciencia infinitas. Lo divino solo se presenta cuando hay una espera infinita. Los que no tienen paciencia no pueden alcanzar a Dios. Te lo quiero volver a recordar en el momento de tu partida.

Por último, esto me recuerda una historia. Aunque sea bastante fantasiosa, es verdad.

Un ángel pasó por un sitio donde estaba sentado un viejo monje. El monje le dijo al ángel: «Por favor, pregúntale a Dios cuánto voy a tardar en alcanzar la liberación». Cerca del anciano monje, debajo de una higuera de Bengala, vivía un jovencísimo *sannyasin* recién iniciado. El ángel también le dijo al joven *sannyasin* si quería preguntarle a Dios sobre su liberación. Pero el sannyasin no le contestó. Se quedó callado, tranquilo y en silencio.

Al cabo de un tiempo el ángel volvió y le dijo al anciano monje: «Le he preguntado a Dios por tu liberación y me ha dicho que tardarás otras tres vidas».

El anciano se enfureció y tenía los ojos inyectados en sangre. Tiró su rosario y dijo: «¡Otras tres vidas! ¡Eso es injusto!».

Luego el ángel fue a ver al joven que estaba debajo de la higuera y le dijo: «También le he preguntado a Dios por ti, y me ha dicho que tendrás que practicar tu disciplina espiritual durante tantas vidas como hojas tiene el árbol bajo el que estás sentado».

Los ojos del joven *sannyasin* rebosaban felicidad, se levantó y se puso a bailar, diciendo: «¡En ese caso ya lo he conseguido! ¡En la tierra hay tantos árboles y cada uno tiene tantas hojas! Si voy a alcanzar la divinidad en un número de vidas como hojas tiene esta higuera, entonces ya lo he conseguido ahora mismo».

Este es el espíritu necesario para cosechar la verdad. ¿Y sabes cómo termina la historia? El joven *sannyasin* siguió bailando y bailando hasta que se convirtió en el baile, y en ese momento se liberó y alcanzó la divinidad. Ese momento de tranquilidad, amor y espera infinitos es lo único que necesitaba. Esto es lo que yo denomino espera infinita. Y el que tiene una espera infinita lo alcanza todo aquí y ahora. Ese estado mismo es la realización.

¿Estás preparado para esa espera? Con esta pregunta me despido de ti. Que la existencia te dé fuerzas para que el río de tu vida alcance el océano de la verdad. Este es mi deseo y mi oración.

Sobre el autor

Las enseñanzas de Osho desafían toda clasificación y lo abarcan todo, desde la búsqueda individual de sentido hasta los más urgentes temas sociales y políticos de la sociedad actual. Sus libros no han sido escritos, sino transcritos a partir de grabaciones de audio y vídeo de las charlas improvisadas que ha dado a una audiencia internacional. Como él mismo dice: «Recuerda: todo lo que digo no es solo para ti..., hablo también a las generaciones del futuro». El *Sunday Times* de Londres ha descrito a Osho como uno de los «mil artífices del siglo XX», y el autor norteamericano Tom Robbins lo ha calificado como «el hombre más peligroso desde Jesucristo». Acerca de su propia obra, Osho ha dicho que está ayudando a crear las condiciones para el nacimiento de un nuevo tipo de ser humano. Suele tipificar a este nuevo ser humano como «Zorba el Buda», capaz de disfrutar tanto de los placeres terrenales como un Zorba el Griego, como de la silenciosa serenidad de un Gautama el Buda. Discurriendo como un hilo conductor, a lo largo de la obra de Osho hay una visión que abarca la sabiduría eterna de Oriente y el potencial más elevado de la ciencia y tecnología occidentales.

Osho también es famoso por su revolucionaria contribución a la ciencia de la transformación interior, con un enfoque de la meditación que tiene en cuenta el ritmo acelerado de la vida contemporánea. Sus incomparables Meditaciones Activas están diseñadas para, en primer lugar, liberar las tensiones acumuladas en cuerpo y mente, de manera que resulte más fácil experimentar el estado relajado y libre de pensamientos de la meditación.

Sobre el autor, existe una obra autobiográfica disponible: *Autobiografía de un místico espiritualmente incorrecto* (Editorial Kairós, 2001).

OSHO International Meditation Resort

Ubicación: ubicado a ciento cincuenta kilómetros al sureste de Bombay, en la moderna y floreciente ciudad de Pune, India, el OSHO International Meditation Resort es un destino vacacional diferente. Se extiende sobre dieciséis hectáreas de jardines espectaculares en una magnífica área residencial rodeada de árboles.

Originalidad: cada año, el OSHO International Meditation Resort da la bienvenida a miles de personas provenientes de más de cien países. Este campus único ofrece la oportunidad de vivir una experiencia personal directa de una nueva forma de vida: con mayor sensibilización, relajación, celebración y creatividad. Ofrece una gran variedad de opciones y programas durante todo el día y durante todo el año. ¡No hacer nada y simplemente relajarse es una de ellas!

Todos los programas están basados en la visión de Osho de «Zorba el Buda», una clase de ser humano cualitativamente diferente que es capaz tanto de participar de manera creativa en la vida diaria como de relajarse en el silencio y la meditación.

Meditaciones: un programa diario completo de meditaciones para cada tipo de persona que incluye métodos activos y pasivos, tradicionales y revolucionarios, y, en particular, las Meditaciones Activas Osho. Las meditaciones se llevan a cabo en lo que debe ser la sala de meditación más grande del mundo: el Osho Auditorium.

Multiversity: las sesiones individuales, cursos y talleres lo abarcan todo: desde las artes creativas hasta la salud holística, transformación personal, relaciones y transición de la vida, el trabajo como meditación, ciencias esotéricas, y el enfoque zen de los deportes y el esparcimiento. El secreto del éxito de la Multiversity reside en el hecho de que todos sus programas se combinan con la meditación, que confirma el enfoque de que como seres humanos somos mucho más que la suma de nuestras partes.

Spa Basho: este lujoso *spa* tiene una piscina al aire libre rodeada de árboles y jardines tropicales. El espacioso *jacuzzi* de estilo único, las saunas, el gimnasio, las pistas de tenis...; todo queda realzado gracias a la increíble belleza del entorno.

Cocina: hay una gran variedad de áreas para comer donde se sirve deliciosa comida vegetariana occidental, asiática e hindú, la mayoría cultivada de forma orgánica especialmente para el OSHO International Meditation Resort. Los panes y pasteles también se hornean en la panadería del centro.

Vida nocturna: por la noche hay una amplia variedad de eventos donde escoger, y bailar ¡es la actividad estrella de la lista! Otras actividades incluyen meditaciones con luna llena bajo las estrellas, espectáculos de variedades, interpretaciones musicales y meditaciones para la vida diaria. O simplemente disfrutar conociendo gente en el Café Plaza o caminar bajo la serenidad de la noche por los jardines de este escenario de cuento de hadas.

Instalaciones: puedes adquirir todo lo que necesites, incluidos artículos de aseo, en la Galería. La Galería Multimedia vende una amplia gama de productos multimedia Osho. El campus dispone de banco, agencia de viajes y cibercafé. Para aquellos que disfrutan de las compras, Pune ofrece todas las opciones, que van desde los productos hindús étnicos y tradicionales hasta todas las tiendas de marca mundiales.

Alojamiento: puedes elegir hospedarte en las elegantes habitaciones de la OSHO Guest House o, para permanencias más largas, puedes optar por uno de los paquetes del programa Living-in. Además, existe una abundante variedad de hoteles y apartamentos en los alrededores.

www.osho.com/meditationresort
www.osho.com/guesthouse
www.osho.com/livingin

Más información

http://www.Twitter.com/OSHO
http://www.facebook.com/pages/OSHO.International
http://www.facebook.com/OSHOespanol

Otras obras de Osho publicadas en la Editorial Kairós:

El ABC de la iluminación
Libro de la vida y la muerte
Autobiografía de un místico espiritualmente incorrecto
Música ancestral en los pinos
La sabiduría de las arenas
Dang, dang, doko, dang
Ni agua, ni luna
El sendero del yoga
El sendero del zen
El sendero del tao
Dijo el Buda...
Guerra y paz interiores
La experiencia tántrica
La transformación tántrica
Nirvana, la última pesadilla
El libro del yoga I y II
El verdadero nombre
Meditación para gente ocupada

Accede a las OSHO Talks con tu *smartphone*

En la página siguiente encontrarás un código QR que te enlazará con el Canal OSHO Español en YouTube, donde podrás acceder a una amplia selección de avances de charlas originales de Osho (OSHO Talks), vídeos sobre meditaciones, entrevistas y misceláneas relacionadas con el mundo de OSHO, seleccionadas para proporcionarte una muestra de la obra y la visión de este místico contemporáneo. Todos estos vídeos han sido subtitulados en castellano y los puedes visualizar seleccionándolos en el visor.

Osho no escribía libros, sino que hablaba en público, creando con ello una atmósfera de meditación y transformación que permitía que los asistentes vivieran la experiencia meditativa. Aunque las charlas de Osho son informativas y entretenidas, no radica en ello su propósito fundamental. Lo que Osho busca es brindar a sus oyentes una oportunidad de meditar, de experimentar el estado relajado de alerta que constituye la esencia de la meditación.

Esto es lo que Osho ha dicho acerca de sus charlas:

> «Mi motivo principal para hablar ha sido darle a la gente una muestra de la meditación; así que puedo seguir hablando eternamente, no importa lo que esté diciendo. Lo único que importa es proporcionarte algunas oportunidades de estar en silencio, cosa que, al principio, te resultará difícil.»
>
> «Estos discursos son los cimientos de tu meditación.»
>
> «Te estoy haciendo consciente de los silencios sin ningún esfuerzo por tu parte. Estoy usando mi forma de hablar, como una estrategia para que, por primera vez, conozcas el silencio.»
>
> «Yo no hablo para enseñarte algo; hablo para provocar algo en ti... Esto no es una conferencia; simplemente es una estrategia para que te quedes en silencio, porque hacerlo tú solo te resultará muy difícil.»

Si no dispones de un *smartphone*, también puedes visitar este enlace: https://www.youtube.com/user/oshoespanol/videos

Si quieres seguir disfrutando de las OSHO Talks subtituladas en español en formato íntegro, en este momento cuentas con estas dos opciones: OSHO TV, parte del programa Premium en iOSHO (www.osho.com), y el programa de meditación OSHO Talks en la plataforma Televisión Consciente (www.television consciente.com), ambas disponibles en todo el ámbito latino.

editorial **K** airós

Puede recibir información sobre
nuestros libros y colecciones inscribiéndose en:

www.editorialkairos.com
www.editorialkairos.com/newsletter.html
www.letraskairos.com

Numancia, 117-121 • 08029 Barcelona • España
tel. +34 934 949 490 • info@editorialkairos.com